Georg Simmel zur Einführung

Werner Jung

Georg Simmel zur Einführung

JUNIUS

Für Andrea

Junius Verlag GmbH
Stresemannstraße 375
22761 Hamburg
www.junius-verlag.de

Umschlaggestaltung: Florian Zietz
Titelbild: © Bildarchiv Preußischer Kulturbesitz
Satz: Junius Verlag GmbH
Printed in the EU 2016
ISBN 978-3-88506-769-6
2., vollständig überarbeitete Auflage 2016

Bibliografische Information der Deutschen Nationalbibliothek
Die Deutsche Nationalbibliothek verzeichnet diese Publikation in der Deutschen Nationalbibliografie; detaillierte bibliografische Daten sind im Internet über http://dnb.d-nb.de abrufbar.

Inhalt

Vorbemerkung

Inzwischen sind die Zeiten vorbei, da der Kultur- und Sozialphilosoph, der Soziologe und Ästhetiker, nicht zuletzt der Theoretiker der (frühen) Moderne Georg Simmel noch als ›toter Hund‹ behandelt worden ist. Jedenfalls hat sich in den letzten fünfundzwanzig Jahren, seit die erste Auflage dieser Einführung für den Junius Verlag erschienen ist, eine Menge getan. Vor allem ist es dem Bielefelder Herausgeberteam um Otthein Rammstedt gelungen, die Werkausgabe zum Abschluss zu bringen. Und längst haben auch die verschiedenen ›turns‹ in den Sozial- und Kulturwissenschaften, nicht zuletzt das Konzept einer umfassenden Kulturwissenschaft selbst, aber auch der sogenannte ›spatial turn‹ in Texten Simmels Anknüpfungen und Anschlussstellen entdeckt, was sich in einer Vielzahl neuerer monografischer Arbeiten wie auch verschiedener einschlägiger Anthologien bekundet. – Es freut mich – ist allerdings auch gar nicht weiter verwunderlich –, dass der Junius Verlag nun eine zweite, überarbeitete und erweiterte Auflage dieses Bändchens herausbringt. Hinzugekommen ist ein weiteres Kapitel, und auf maßvolle Weise ist auch das Literaturverzeichnis erweitert worden. Im Blick auf die Zitation sind alle Zitate noch einmal überprüft und mit dem jeweiligen Hinweis auf die Gesamtausgabe versehen worden. Danken möchte ich an dieser Stelle meinem Mitarbeiter Moritz-Alexander Büschken für seine aufmerksame Korrektur.

Werner Jung, Langweiler-Essen im August 2016

1. Kein Vorwort und keine Einleitung

Berlin um die Mitte des 19. Jahrhunderts ist eher klein und provinziell. Noch ist Paris die heimliche Hauptstadt Europas. Und noch geht es eher behäbig zu, wie in den Romanen Fontanes, wo Berlin aus der Sicht einer saturierten Bürgerwelt oder einer verstoßenen Landadligen in den Blick gerät. Dabei verschwinden dann die Hinterhöfe, verschwindet die Kehrseite der Medaille, die etwa Max Kretzer nur wenig später in grellen Farben gezeichnet hat: Not, Armut und Prostitution – der Revers der Wohlanständigkeit. Der rasante Verstädterungsprozess setzt in Berlin erst mit der zweiten Hälfte des 19. Jahrhunderts ein, damit auch die Ansicht von der Stadt als Strom und Flut, als alles verschlingendem Moloch, wo der Einzelne in der Masse untergeht, die nun die Geografie des Raums beherrscht.[1] Doch Tendenzen dazu sind schon in den 1850er Jahren vorhanden, man muss nur empfänglich dafür sein, offene Augen besitzen.

»Georg Simmel wurde am 1. März 1858 in Berlin geboren. Über seinem Geburtshause (an der Ecke der Leipziger und Friedrichstraße) flammte nicht, wie über Bethlehems Krippe der Frieden verheißende Weihestern. Nein! Schreiende Lichtreklamen prahlten von einer Schmutzwelt großstädtischer Lustorgien. Bahnen rasselten! Omnibusse keuchten vorüber. Und die Geschäftswagen stauten sich in den vier einander kreuzenden Straßenzügen, deren glatte Trottoire allabendlich das giftig grüne Gaslicht aus hundert Laternen zurückwarfen. Und statt der Englein holdem Halleluja aus blauen Lüften hörte man Tag und Nacht einer furchtbaren Menschenmasse wahnsinniges Getöse. Pflastertreter, Hochstapler, Demimonde, aller Abschaum Europas strömte in ruhelosem Fieber just an diesem Hause entlang, der Hölle gleich, von der die heilige Therese die Definition gibt: ›Dies ist der Ort, wo es stinkt und man nicht liebt.‹ Der kleine Georg aber schlief in der geräuschvollsten Wiege, die wohl je einen Philosophen gewiegt hat.«[2]

Eine apokalyptische Vision, ein Bild, das einen nicht mehr loslässt: ein Leben lang! Die Stadt, einmal ans Stromnetz angeschlossen, elektrifiziert, bannt den Betrachter, lässt ihm keine Ruhe mehr. Völlig neue Erfahrungs- und Wahrnehmungsräume entstehen; der umbaute, illuminierte Raum – Warenhäuser, Einkaufsstraßen, Passagen – verdrängt die Natur, nein, schließt sie mit in die Künstlichkeit ein: der Wahn der grenzenlosen Beherrschbarkeit. Der Blick des Betrachters, mag er noch so angestrengt-aufmerksam sein, wird flüchtig, irrt umher, findet keinen festen Halt mehr; es sei denn in der momentanen Faszination durch eine Ware. Denn alles in dieser Welt des Lichts und Lärms wird zur ausgestellten Ware, wird kommensurabel in einem identischen Wertmaß: dem Geld.

Simmel hat einmal hellsichtig von der »Schaufenster-Qualität der Dinge« gesprochen – einer Qualität, die viel verspricht und wenig hält. Darin ähneln die Dinge den Menschen; was dort die Schaufenster-Qualität, ist hier die Koketterie: »Locken uns die Dinge nicht weiter und weiter, um uns schließlich ihr Letztes doch nicht zu gewähren? Gönnen sie uns nicht ihren Duft und Schleier, aber gerade nur genug, daß wir nicht von ihnen lassen können? Sieht uns das Dasein nicht auch so halb abgewandt an, mit einem Versprechen, das es nicht einlöst und gegen das wir doch wie blind und verzaubert unser Ganzes einsetzen?« (Simmel 1901, 672; GA 17, 415 f.) Glamour und Talmi-Glanz, Hauptsache wir vergnügen uns. *The show must go on*! Simmels Kommentar zur »Berliner Gewerbe-Ausstellung«: »Die nachbarliche Enge, in die die heterogensten Industrieprodukte gerückt sind, erzeugt eine Paralyse des Wahrnehmungsvermögens, eine wahre Hypnose, in der der einzelne Eindruck nur noch die obersten Schichten des Bewußtseins streift und schließlich nur die am häufigsten wiederholte Vorstellung als Sieger über den Leiden unzähliger würdigerer, aber in ihrer Zersplitterung schwacher Eindrücke im Gedächtnis zurückbleibt: die Vorstellung, daß man sich hier amüsieren soll.« (Simmel 1896c, 59; GA 17, 33)

Der innerste Nerv des modernen Lebens ist die Großstadt, in Simmels Diktion: »Abbild und Auszug der gewerblichen Kräfte der Culturwelt.« (1896c, 59; GA 17, 35) Sie prägt den Stil, den Wechsel der Moden: »[...] je nervöser ein Zeitalter ist, desto rascher werden seine Moden wechseln« (Simmel 1905b, 14; GA 10, 15), und beschleunigt das Tempo. Kennzeichen der Moderne sind Hektik und Nervosität, sind blinde Fortschrittsapologie und Neurasthenie, sind Schopenhauer, Nietzsche und der Sozialismus ... Der Ort aber, an dem alles zusammenläuft, Zentrum, Abbild und Symbol der Moderne zugleich, ist die Großstadt, ist die Reichshauptstadt Berlin. Und ihr Denker, ihr Soziologe und Philosoph heißt Georg Simmel.

Werner Jung, Duisburg im Mai 1990

2. Ein Leben, nach mittleren Maßen gemessen, gerundet und gut abgeschlossen

Über Georg Simmels äußere Biografie ist nur wenig bekannt, und dasjenige, was bekannt ist, schöpft zumeist aus zwei Quellen, Michael Landmanns »Bausteinen zur Biographie« (1958) und Hans Simmels *Lebenserinnerungen* (1976). Ein anderer Unbekannter, der Schriftsteller Karl Otten, aus dessen Biografie ebenfalls nur Bruchstücke überliefert sind, bemerkte einmal treffend über diesen Sachverhalt, dass die Lücken in seiner Lebensgeschichte »jeder nach Belieben oder Unbehagen selber ausfüllen kann, am einfachsten durch das Lesen meiner Bücher«. Ein beherzigenswerter Vorsatz.

Simmels Vater Edward wurde 1810 in Breslau geboren. Er war Kaufmann und trat irgendwann in den frühen 1830er Jahren vom Judentum zum Katholizismus über. 1838 heiratete er Flora Bodstein aus Breslau, die ebenfalls jüdischer Herkunft war, jedoch schon als Kind evangelisch getauft wurde. Nach der Übersiedlung der Familie nach Berlin gründete der Vater die Schokoladenfabrik »Felix und Sarotti«, ein zunächst florierendes Unternehmen.

Am 1. März 1858 kam Georg Simmel als jüngstes von sieben Geschwistern zur Welt. Bedingt durch den frühen Tod des Vaters 1874 bestimmte die Familie Julius Friedländer zum Vormund, der Simmel in seiner Neigung zur Musik bestärkte und dem Simmel als seinem »väterlichen Freunde« »in Dankbarkeit und

Liebe« noch seine Dissertation widmete. Simmel wurde evangelisch getauft, trat jedoch während des Ersten Weltkriegs aus der Kirche aus, was freilich nicht, wie Landmann ergänzt, »eine Rückkehr zum Judentum« bedeutete, »sondern [...] lediglich dem Bedürfnis nach weltanschaulicher Ungebundenheit [entsprach]«[3].

Auch wenn Simmel selbst Äußerlichkeiten der Biografie keine weitere Bedeutung zugemessen hat, gibt es doch eine entscheidende Erfahrung, die schon das Kind geprägt hat: das pulsierende Leben der Großstadt. Dazu Margarete Susman, die Schülerin und spätere Freundin der Familie: »Nicht nur die Zeit, auch der Ort seiner Geburt im Herzen des damals schon großstädtischen, lebendig quirlenden Berlin, an der Ecke der Leipziger- und Friedrichstraße, war für sein Leben und Denken entscheidend. Vieles in Simmels Problematik scheint sich ursprünglich an dem Anblick gebildet zu haben, der sich alltäglich seinen Kinderaugen bot. Sicher hängt vor allem die einzigartige Lebendigkeit, Bewegtheit und Fülle, das Überwache seines Geistes mit diesem großstädtischen Ursprung zusammen.«[4] Kritiker und Bewunderer, Schüler und Gegner haben immer wieder auf dieses prägende Erlebnis der Großstadt hingewiesen, und der englische Soziologe David Frisby hat diese Lebenserfahrung zum Anlass genommen, um Simmel als zentralen Theoretiker der frühen Moderne zu deuten.[5] Wir werden darauf zurückkommen.

1890 heiratete Simmel die Tochter eines Eisenbahningenieurs und Ministerialbeamten, Gertrud Kinel, die unter dem Pseudonym Marie Louise Enckendorf später selbst vier »bedeutende Bücher«[6] als philosophische Schriftstellerin veröffentlichte. Gertrud Kinel war zwar katholisch getauft, von ihrer Mutter jedoch protestantisch erzogen worden, »was ihr Wesen bis zuletzt prägte«[7]. Gemeinsam mit ihr hatte Simmel einen Sohn, Hans, der später außerordentlicher Professor der Medizin in Jena wurde und dem wir Lebenserinnerungen verdanken, die einen Eindruck von der Kultur und dem Lebensstil im Hause Simmels vermitteln. Eine uneheliche Tochter hatte Simmel mit seiner Studentin Gertrud Kantorowicz, die eine Zeit lang zum engsten Freundeskreis zählte und die auf Simmels Veranlassung Bergsons *Evolution créatrice* übersetzte. Doch hat sich Simmel, wie Margarete Susman zu berichten weiß, »da er seine Frau bis zuletzt liebte, nie erlaubt, dies Kind zu sehen«[8].

Simmels akademische Laufbahn war – von außen betrachtet – ein einziges Desaster. Nach dem Abitur immatrikulierte er sich an der Berliner Universität zunächst in den Fächern Geschichte und Völkerpsychologie, schließlich in Philosophie. Geschichte studierte er bei Theodor Mommsen, Moritz Lazarus und Heinrich Steinthal, Philosophie bei Eduard Zeller und Friedrich Harms, profitierte aber auch von den Veranstaltungen der »professoribus illustrissimis« Hans Droysen, Heinrich v. Sybel, Heinrich v. Treitschke, Herman Grimm und Heinrich Jordan (vgl. Simmel 1881, 33; GA 1, 40). 1881 wollte Simmel mit einer Arbeit über *Psychologisch-ethnologische Studien über die Anfänge der Musik*, in der er Aspekte der Darwin'schen Evolutionstheorie mit solchen völkerpsychologischer Theoreme vermittelte, promovieren. Doch die Arbeit wurde abgelehnt. Außer formalen Gründen wie häufigen Rechtschreibfehlern, Ungenauigkeiten der Zitation und Schwächen in der Argumentation mögen sicherlich auch das ungewöhnliche Thema und der dazu gewählte methodische Bezugsrahmen maßgeblich gewesen sein. Die zuständigen Professoren empfahlen Simmel jedenfalls, eine zuvor preisgekrönte Abhandlung, *Das Wesen der Materie nach Kaufs Physischer Monadologie*, die Simmel anlässlich einer 1880 von Julius Gillis aus St. Petersburg ausgeschriebenen Preisfrage verfasst hatte, einzureichen. Diesmal gelang der Versuch, und nach der mündlichen Prüfung in den Fächern Philosophie, Altitalienisch und Kunstgeschichte schloss Simmel die Promotion mit *cum laude* ab. Interessant, weil auf einen Grundzug des Simmel'schen Stils verweisend, der ihm später häufig die Schelte der soziologischen und philosophischen Kollegen eingetragen hat, ist Zellers Gutachten über die abgelehnte Studie zu den Anfängen der Musik. Darin heißt es u.a., dass Simmels »ganze Ausführung einen aphoristischeren Charakter« trage, »als dies einer streng wissenschaftlichen Untersuchung erlaubt ist«[9].

Ähnliche Schwierigkeiten hatte Simmel auch mit der Habilitation. Zwar akzeptierte die Fakultät noch die Arbeit über Kants Raum- und Zeitlehre, nachdem sich vor allem Dilthey und Zeller dafür stark gemacht hatten – Letzterer mit einem Gutachten, das von Simmels »ernste[m] Streben und eine[r] anerkennenswerthe[n] Fähigkeit« sprach, »in den Kern der philosophischen Fragen einzudringen«[10] –, zum Eklat kam es jedoch bei Simmels Antrittsvorlesung. Denn im anschließenden Kolloquium strafte Simmel forsch Zellers Ansicht ab, wonach ein Gehirnlappen der Sitz der Seele des Menschen sei. Daraufhin ließ man ihn zunächst einmal durchfallen. Im Oktober 1884 reichte Simmel drei neue Themen für die zu wiederholende Probevorlesung ein, von denen die Fakultät den Vortrag »Über die Lehre von der Assoziation der Vorstellungen« auswählte. In der öffentlichen Antrittsvorlesung referierte Simmel dann »Über das Verhältnis des ethischen Ideals zu dem logischen und ästhetischen«. Für eine Berufung Simmels zum Professor langte es dennoch nicht. Seinen Berliner Kollegen waren die Person und die behandelten Gegenstände überaus suspekt. Hinzu kamen ein berufsüblicher Neid auf den überragenden Lehrerfolg Simmels – so saßen etwa in Simmels öffentlicher Vorlesung »Über den Pessimismus« vom Wintersemester 1894/95 immerhin 269 eingeschriebene Hörer – sowie Ressentiments gegen seine jüdische Herkunft. Der exzentrische Privatdozent sprach und las über schier alles: über sozial- und völkerpsychologische Themen, soziologische Aspekte der modernen Kultur und Gesellschaft, über logische, ethische und ästhetische sowie geschichtsphilosophische Gegenstände. Die »Grundzüge der Ethik« waren ihm ebenso vertraut wie »Neueste philosophische Theorien, insbesondere in ihren Beziehungen zu den Naturwissenschaften«, die »Probleme der Sozialwissenschaft« geradeso wie die »Hauptlehren der Psychologie«. Und Kant und Schopenhauer zählten zum ständigen Repertoire.

Entlarvend ein Gutachten des Berliner Historikers Schäfer anlässlich eines Bewerbungsverfahrens für eine philosophische Professur in Heidelberg: »Er ›sc. Simmel‹ spricht überaus langsam, tropfenweise und bietet wenig Stoff, aber knapp, abgerundet und fertig. Das wird von gewissen Hörerkreisen, die hier in Berlin zahlreich vertreten sind, geschätzt. Dazu würzt er seine Worte mit Pointen. Seine Hörerschaft setzt sich dementsprechend zusammen. Die Damen bilden ein selbst für Berlin starkes Kontingent. Im übrigen ist die orientalische Welt, die seßhaft gewordene und die allsemesterlich aus den östlichen Ländern zuströmende, überaus stark vertreten. Seine ganze Art ist ihrer Richtung, ihrem Geschmack entsprechend. Allzuviel Positives wird aus den Vorlesungen nicht hinweggenommen; aber mancherlei prickelnde Anregung und vorübergehenden geistigen Genuß läßt man sich gern bieten.« Und schließlich als Resümee: »Ich kann überhaupt nicht glauben, daß man Heidelberg hebt, wenn man den von Simmel vertretenen Lebens- und Weltanschauungen, die sich von unserer deutschen christlich-klassischen Bildung ja deutlich genug abheben, einen noch breiteren Raum gewährt, als sie ohnehin schon im Lehrkörper haben.«[11] Hier ist alles zusammen: Das Abendland ist in Gefahr, denn wo käme man hin mit der »deutschen christlich-klassischen Bildung«, wenn man die Frauen und östlichen Kohorten – Juden und Asiaten –, geimpft mit Simmels Relativismus und Negativismus, einmal gewähren ließe!

Simmel blieb also Privatdozent. Erst im Frühjahr 1900 wurde er, nachdem sich zuvor, am 3. Juni 1898, eine Reihe wohlmeinender Kollegen, darunter wieder Dilthey, aber auch Gustav v. Schmoller, in einem Gutachten positiv über Simmel ausgesprochen hatten, zum Extraordinarius ernannt (ohne freilich Doktoranden annehmen zu dürfen). Mehr aber auch nicht. Zu tief saßen die Vorurteile, zu exotisch war die Figur und zu fremd war dem philosophisch-geisteswissenschaftlichen Mainstream dasjenige, was Simmel lehrte und mit wachsender Popularität auch publizistisch verbreitete. Das galt nicht nur für ränkesüchtige akademische Kleingeister vom Schlage Dietrich Schäfers, sondern auch für durchaus Geistesverwandte wie Heinrich Rickert, den einflussreichen Kopf des badischen Neukantianismus, den um eine Methodologie der Geisteswissenschaften bemühten Wilhelm Dilthey und den zwischen der Soziologie und Nationalökonomie umgetriebenen Max Weber. Mit ihnen hatte Simmel viele Gemeinsamkeiten, doch die Unterschiede überwogen.

1914 endlich gelang Simmel die Berufung zum ordentlichen Professor: mit 56 Jahren also und nicht in Berlin, sondern an der südwestlichen Peripherie, in Straßburg. Dennoch: Der Abschied fiel schwer, auch wenn die Berliner Universität es ihm immer wieder schwer gemacht hatte. Nur für die Berliner Presse hatte Simmels Weggang den Stellenwert eines Exodus europäischen Geistes aus der Reichshauptstadt. Emil Ludwig dazu: »Daß Simmel nun die Universität verläßt, an der er dreißig Jahre tätig war, bedeutet nicht bloß für diese einen Verlust – auch für ihn. Ein so persönliches, so unvertretbares Kolleg, wie Simmel es las, hat eben sein Publikum wie ein Theater, und man weiß: das Publikum folgt dem Direktor, den es schätzt, nicht ohne weiteres in ein neues Haus. Es hängt am alten Hause. Simmels Kolleg ist in den letzten zwanzig Jahren zur Berliner Tradition geworden. Straßburger Tradition wird es nie.«[12] Letzteres stimmt, denn Simmel war zweifelsohne ein »Teil des Berliner Kultur- und Wissenschaftslebens geworden«[13].

In einem Punkt hatte Schäfers Gutachten allerdings recht. Viele Frauen und Ausländer schwärmten in Simmels Veranstaltungen. Sie schwärmten aber auch von ihm und seiner Art vorzutragen, laut zu denken. Häufig ist diese merkwürdige Vortragsweise beschrieben worden. Noch einmal Emil Ludwig: »Jetzt breitet er einen Gedanken aus. Wie eine dicke Wolke hängt er ihn über den Saal, sie schiebt, verschiebt sich, quillt, nun ist es schon Nebel, der die Hörer einhüllt, man sieht den Nachbar nicht mehr, wir sind mitten in windlos lastenden Nebelschwaden. Von drüben her donnert es nicht, eine leise Stimme zwängt sich durch den Ballen, man begreift nichts mehr, schwerer Südwein scheint die Gehirne belastet, ein Rätselwort den tätigen Verstand umdunkelt zu haben. Wie wird das enden? – Allmählich, äußerst langsam hebt sich die dichte Sphäre: indem der Denker langsam Gedanken wendet, prüft, ist es, als zöge er, behutsam, aus dem Gewebe einzelne Fäden zu sich zurück, mit stetem Bedacht zerzupft er den Knäuel, den er zuerst gebreitet, langsam lichtet sich's, nun atmet leichter der gefangene Geist, die Schwaden wandeln sich in zarte Lämmerwölkchen. Blau scheint hindurch, und wenn die fünfundvierzig Minuten vorüber sind, in denen es dem Weisen erlaubt ist, laut zu denken, so steht sein Einfall klar vor allen Hörern.«[14]

Zu Füßen des »Weisen« – nicht nur in der Universität, sondern als Privilegierte auch im privaten Salon – zwei, die es dem Meister gleichtun, ja die ihn übertreffen wollten: Ernst Bloch und Georg v. Lukács. Bloch kam, frisch promoviert, aus Würzburg, um im Wintersemester 1908/09 an Simmels Privatkolloquium teilzunehmen. Ein Jahr später traf er dort auf den ebenfalls gerade erst promovierten Lukács.[15] Auch wenn beide sich bereits wenige Jahre später, äußerlich gewiss durch Simmels Kriegsbegeisterung veranlasst, vom Meister lossagten, haben sie ihn doch als »großen Anreger« (Lukács) und Neuerer geschätzt, der abseits der ausgetretenen Pfade der Normal-Wissenschaft auf »die kleinste und unwesentlichste Erscheinung des alltäglichen Lebens« zugeht, um in ihr »ein[en] ewige[n] Formzusammenhang des philosophischen Sinnes sichtbar« zu machen.[16] Mehr noch: »Georg Simmel war zweifellos die bedeutendste und interessanteste Übergangserscheinung in der ganzen modernen Philosophie. Deshalb war er für alle wirklich philosophisch Veranlagten der jüngeren Denkergeneration (die mehr sind als bloß kluge oder fleißige Einzelwissenschaftler in philosophischen Einzeldisziplinen) so überaus anziehend, daß es fast keinen unter ihnen gibt, der nicht für kürzere oder längere Zeit dem Zauber seines Denkens erlegen wäre.«[17] Ähnlich mochte es wohl auch Bloch empfunden haben. Ihrer beider (spätere) Ablehnung Simmels, Lukács' Invektiven aus *Die Zerstörung der Vernunft* (1954) und Blochs sehr viel früheres Urteil aus *Geist der Utopie* (1918): »ein zielloser Mann, der alles will, nur nicht die Wahrheit«; »kurz abbrennend und nur von Fall zu Fall, zumeist nichts als geistreich, nichts als stets wiederholter methodischer Schaum und Eiertanz und darum rasch zur Langeweile umschlagend«, vorgetragen in der ihm eigenen Derbheit[18], sie täuschen jedenfalls über den realen Einfluss von Simmel auf ihre Philosophien hinweg. Bekannt ist, dass Lukács z.B. seine preisgekrönte Schrift über *Die Entwicklungsgeschichte des modernen Dramas* nach der Bekanntschaft mit Simmel völlig umgeändert hat, und noch in *Geschichte und Klassenbewußtsein* (1923), Lukács' erstem großen marxistischen Werk, spricht er von Simmels *Philosophie des Geldes* als einem »in Einzelheiten sehr interessanten und scharfsinnigen Buch«[19]. Auf Bloch mögen vor allem Simmels Schreibstil, die Bevorzugung des Essays und der Miniatur sowie dessen Anti-Systematik gewirkt haben. Ähnliches gilt mit Einschränkungen für Kracauer und Benjamin.[20]

Frauen, die orientalische Welt, jüdische Intellektuelle – und Künstler. Freundschaftlich verbunden war Simmel mit Stefan George und Mitgliedern des Kreises um die *Blätter für die Kunst*, wie Friedrich Gundolf, Friedrich Wolters und Sabine Lepsius, mit dem Naturalisten und späteren Begründer der Neuklassik Paul Ernst und mit Rainer Maria Rilke, dessen Vorliebe für Rodin er teilte (»le plus grand artiste de notre temps«[21]). Man traf sich im Hause Simmels, wo wöchentliche »Jours« stattfanden. »Sie waren eine soziologische Schöpfung im Kleinen: die einer Geselligkeit, deren Sinn die Pflege des höchst Individuellen war. Das Gespräch hatte dort eine Form, in die kein Mensch sich selbst mit seinen Eigenarten, Problemen und Nöten mitbringen durfte, die, losgelöst von aller Schwere, in einer Atmosphäre von Geistigkeit, Liebenswürdigkeit und Takt schwebte.«[22] Selten wurde dabei – und das erstaunt nicht wenig bei einem Soziologen – »von sozialen Umständen« gesprochen[23], was wohl bedeutet, dass man politische und gesellschaftliche Themen mied. Stattdessen pflegte man die Geselligkeit, diese – nach Simmel – »Spielform der Vergesellschaftung« (Simmel 1911, 4; GA 12, 180), »wo das Reden zum Selbstzweck wird« (a.a.O., 11; GA 12, 187), und stilisierte die »Jours« dabei zur ästhetischen Kultur, zum schönen Schein. Interieur und Exterieur, eben die Geselligkeit, passten harmonisch zusammen. Dazu wieder Susman: »Das große hohe Arbeitszimmer zu ebener Erde, mit dem Blick in den Garten, war mit kostbaren, alten Perserteppichen belegt. Bilder großer Meister, viele eigenhändige Zeichnungen von Rodin, hingen an den Wänden. Überall, in Vitrinen und offen, standen Vasen und Schalen fernöstlicher Kunst, auserlesene Buddhafiguren, [...].«[24] Ein Bild der Ruhe, aber auch von Statik, das Bild einer Kultur, »die schon ein Jahrzehnt später im ersten Weltkrieg zusammenbrechen sollte«[25]. – Die Eindrücke scheinen sich allerdings nicht zusammenzufügen, oder doch? Zumindest jedoch ein

Widerspruch taucht auf, oder wollte sich Simmel, der moderne Theoretiker und Theoretiker der Moderne schlechthin, vor dem pulsierenden großstädtischen Leben ein *pièce de résistence*, eine Enklave schaffen, die all das aussperrte, was ihn gerade theoretisch als Soziologen und Philosophen inspirierte? Ein Merkpunkt für später.

1914 dann, das Jahr der großen und kleinen Entscheidungen: Simmels Berufung nach Straßburg – »Gestern ist nun die letzte Besiegelung der Straßburger Angelegenheit erfolgt und ich nehme sie keineswegs mit dem Bewußtsein hin, das unbedingt Richtige getan zu haben.« (Brief Simmels an Rickert v. 28.1.1914[26]; GA 23, 284); der Ausbruch des Ersten Weltkriegs – »Ich leide wie Sie darunter, daß ich die Opfer der Kämpfer ohne Gegenleistung annehmen muß, denn was ist das Bischen (sic!), das man hier in seiner Behaglichkeit tun kann, auch wenn man vom Morgen bis abends keinen anderen Gedanken und Willen hat!« (Brief Simmels an Marianne Weber v. 16.10.1914[27]; GA 23, 422)

Straßburg bedeutete eine ordentliche Professur, zugleich aber auch die geistige Isolation – »Von hier ist nichts Besonderes zu berichten. Die Universität ist verödet, [...].« (Simmel an Rickert v. 16.1.1915[28]; GA 23, 482) Dennoch entstehen hier die lebensphilosophischen Spätschriften, Prolegomena zu einer künftigen Metaphysik, Simmels »bißchen Weisheit letzte[r] Schluß« (Simmel an Graf Keyserling v. 6.8.1918, zit. nach Simmel 1968, 251; GA 23, 996). Im deutlichen Bewusstsein seiner tödlichen Krankheit, Leberkrebs, arbeitete Simmel daran bis zum Schluss. Von seinen Freunden hatte er sich zuvor in Briefen verabschiedet: »Es hat keinen Sinn länger zu verheimlichen, daß ich ein totkranker Mann bin und daß meine körperlichen und geistigen Kräfte vielleicht noch einige Monate, hoffentlich aber nur noch einige Wochen vorhalten werden. Aber ich gehe mit dem Bewußtsein, daß mein Leben, nach mittleren Maaßen gemessen, gerundet und gut abgeschlossen ist; ich gehe ohne Hader mit dem Geschick und ohne Abschiedswehmut, sondern mit dem Bewußtsein, daß es so gut und der richtige Augenblick ist.« (Simmel an Graf Keyserling v. 6.9. 1927[29])

3. Positivist, Soziologe, Lebensphilosoph – keine Entwicklungsgeschichte

Üblicherweise wird das Werk Georg Simmels in drei Phasen eingeteilt. Dafür hat schon Simmels früher Biograf und Kommentator Max Frischeisen-Köhler geworben. Er unterschied einen frühen, weitgehend unter dem Einfluss des Pragmatismus (Spencer) und der Evolutionstheorie stehenden Simmel, einen mittleren, etwa mit der *Philosophie des Geldes* (1900) einsetzenden, auf Kant zurückgreifenden und von soziologischen Fragestellungen faszinierten Simmel und einen späten, der Lebensphilosophie und einer neuen Metaphysik das Wort redenden Simmel.[30] Simmel hat selbst zu dieser Periodisierung seines Denkens beigetragen. So heißt es etwa in der Skizze »Anfang einer unvollendeten Selbstdarstellung«:

»Ich bin von erkenntnistheoretischen und kantwissenschaftlichen Studien ausgegangen, mit denen geschichtliche und sozialwissenschaftliche Hand in Hand gingen. Das erste Ergebnis davon war das (in den ›Problemen der Geschichtsphilosophie‹ durchgeführte) Grundmotiv: daß ›Geschichte‹ die Formung des unmittelbaren, nur zu erlebenden Geschehens gemäß den Aprioritäten des wissenschaftbildenden Geistes bedeutet, genau wie ›Natur‹ die Formung des sinnlich gegebenen Materials durch die Kategorien des Verstandes bedeutet.

Diese Trennung von Form und Inhalt des geschichtlichen Bildes, die mir rein erkenntnistheoretisch entstand, setzte sich mir dann in ein methodisches Prinzip innerhalb einer Einzelwissenschaft fort: ich gewann einen neuen Begriff der Soziologie, indem ich die Formen der Vergesellschaftung von den Inhalten schied, d.h. den Trieben, Zwecken, Sachgehalten, die erst, von den Wechselwirkungen zwischen den Individuen aufgenommen, zu gesellschaftlichen werden; die Bearbeitung dieser Arten der Wechselwirkung habe ich deshalb, als den Gegenstand einer reinen Soziologie, in meinem Buche unternommen.

Von dieser soziologischen Bedeutung des Wechselwirkungsbegriffs aus aber wuchs er mir allmählich zu einem schlechthin umfassenden metaphysischen Prinzip auf. Die zeitgeschichtliche Auflösung alles Substantiellen, Absoluten, Ewigen in den Fluß der Dinge, in die historische Wandelbarkeit, in die nur psychologische Wirklichkeit scheint mir nur dann vor einem haltlosen Subjektivismus und Skeptizismus gesichert, wenn man an die Stelle jener substantiell festen Werte die lebendige Wechselwirksamkeit von Elementen setzt, welche letzteren wieder der gleichen Auflösung ins Unendliche hin unterliegen. Die Zentralbegriffe der Wahrheit, des Wertes, der Objektivität etc. ergaben sich mir als Wechselwirksamkeiten, als Inhalte eines Relativismus, der jetzt nicht mehr die skeptische Lockerung aller Festigkeiten, sondern gerade die Sicherung gegen diese vermittels eines neuen Festigkeitsbegriffes bedeutete (›Philosophie des Geldes‹).«[31]

Gegenüber diesem Bild einer quasi-organischen Entwicklung lassen sich aber auch vereinzelte Äußerungen finden, in denen er sich desinteressiert zeigt an solchen Periodisierungen und – damit einhergehend – entsprechenden Wertungen: »Ich weiß«, schreibt Simmel in einem Brief an Rickert vom 26. Dezember 1915, »es besteht um mich ein Sagenkreis über alles mögliche, was ich bin und nicht bin, kann und nicht kann – [...]. Bald bin ich zu einseitig, bald zu vielseitig, hier ›eigentlich nur Soziologe‹, dort ›nur von talmudischem Scharfsinn‹, meistens ›nur kritisch und negierend‹ usw. Ich habe es aufgegeben, gegen diesen Unsinn anzukämpfen, der gerade mit den wirklichen Unzulänglichkeiten, deren ich mir sehr wohl bewußt bin, sich überhaupt nicht berührt.«[32]

So gewiss es ist, dass sich in Simmels intellektueller Biografie eine Entwicklung abzeichnet, dass er sich zeit seines Lebens mit den relevanten Theorien beschäftigt hat, ja auf der Pointe der Wissenschaftsentwicklung mindestens der Philosophie und Sozialwissenschaften gestanden hat[33], so sicher ist auch, dass sich in Simmels Schriften – und durchaus quer zur üblichen Periodisierung – einige wenige zentrale Fragen und Problemstellungen herauskristallisieren. Schon Siegfried Kracauer hat darauf in einem Aufsatz von 1920/21 hingewiesen. Gleich in den einleitenden Sätzen rechnet er mit den gängigen Klischees ab. »Man hat schon wiederholt Simmel als Kulturphilosophen bezeichnet. Ebensogut könnte man ihn den Philosophen der Seele, den des Individualismus oder den der Gesellschaft nennen. Alle diese Formeln aber sind ungenau und einseitig und reichen bei weitem nicht aus, sein Stoffgebiet auch nur annähernd zu umgrenzen.«[34] Wenn man schon nach einer Formel suche, so Kracauer im Folgenden, dann biete sich dazu der Begriff der Beziehung an. In der Terminologie der Simmel'schen Soziologie ist dies der Begriff der Wechselwirkung. »Alle Äußerungen geistigen Lebens [...] stehen in unnennbar vielen Beziehungen zueinander, keine ist herauslösbar aus dem Zusammenhang, in denen sie sich mit anderen befindet.«[35] Doch selbst damit hat man eine – zumindest in meiner Sicht – unzulässige Rubrizierung des Simmel'schen Denkens geleistet. Zu kurz greift auch Max Adler, der in seiner populären Broschüre *Georg Simmels Bedeutung für die Geistesgeschichte* zwar die gängige Dreiteilung zurückweist, am Ende aber das Simmel'sche Werk über den Leisten der Unmittelbarkeit schlagen will. »So ordnet sich die ganze Lebensarbeit Simmels dem einen beherrschenden Geistesinteresse unter, überall auf die Erfassung der Unmittelbarkeit unseres Daseins zurückzuführen, die Anschauung und das Gefühl der Lebenswirklichkeit von den verschiedensten Zugängen her zu gewinnen.«[36]

Nein, so einfach ist es dann doch nicht. Anders gesagt: Die Anschauungen Kracauers wie Adlers und der Vertreter der verschiedenen Lebens- und Werkstadien treffen zwar alle partiell zu, lassen andererseits aber weite Bereiche offen. Simmels Werk ist weder auf einen Begriff, ganz gleich welchen, noch auf die mögliche Reihe verschiedener Epochen zu bringen. Vielleicht würde man ihm am ehesten noch gerecht mit der scheinbar paradoxen Formulierung, dass man sein Werk nur in Oppositionen beschreiben kann, die zugleich aber »Scheinoppositionen« sind und sich zu einer offenen, fragmentarisch-unabgeschlossenen Theorie der Moderne addieren lassen.[37]

Neben den Arbeiten David Frisbys, der sich zu verschiedenen Gelegenheiten über Simmels untergründiges Leitmotiv, eine Theorie der Moderne, geäußert hat, sei auf zwei Monografien der Soziologen Heinz-Jürgen Dahme und Antonius M. Bevers verwiesen, die mit Beharrlichkeit und Akribie die »Einheitlichkeit« des Simmel'schen Œuvres in der Mannigfaltigkeit, d.h. in der »Variation der Untersuchungsgegenstände«, herausgestrichen haben.[38] Dabei kann vorderhand nicht geleugnet werden, dass Simmels Arbeiten aus den 1880er und 1890er Jahren – ausgehend von Studien über Kant, der psychologisch gedeutet wird, und kulminierend in drei großen Monografien: *Über sociale Differenzierung* (1890), *Die Probleme der Geschichtsphilosophie* (1892), *Einleitung in die Moralwissenschaft* (2 Bde.; 1892/93) – zunächst noch weitgehend vom Pragmatismus, der Evolutionstheorie und völker- und sozialpsychologischen Überlegungen beeinflusst sind. Simmel schließt sich dem pragmatischen Wahrheitsbegriff an (»Eine Vorstellung ist ›wahr‹, solange es für uns nützlich ist, sie zu glauben«, William James), so etwa in dem Aufsatz »Über eine Beziehung der Selektionslehre zur Erkenntnistheorie« (1895), in dem auf erkenntnistheoretischer Ebene Darwin'sche und Spencer'sche Gedanken zur Geltung kommen. Deutlicher noch ist dies in der *Einleitung in die Moralwissenschaft*, wo Simmel u.a. gegen die »mythologisch-platonisirende« Ansicht der Sittlichkeit als eines für sich bestehenden Wesens in uns polemisiert und stattdessen den menschlichen Willen als abhängig von den gesellschaftlichen Verhältnissen begreift. Hierin überträgt Simmel dann auch den pragmatischen Wahrheitsbegriff in die Ethik: »Wie der Baumstamm, den ein Windstoss trifft, sich gleich nach dessen Aufhören wieder in seine ursprüngliche Stellung zurückrichtet, aber der gleichen Windrichtung auf die Dauer ausgesetzt, schliesslich selbst in eben dieser sich biegt und weiter wächst, so beugen die Verhältnisse den menschlichen Willen so lange in ihre Richtung, bis er sich ihr anpasst und den Zwang der Verhältnisse zunächst als Sollen und dann als in sich ungeschiedenes Wollen empfindet.« (Simmel 1892, Bd. 1, 64f.; GA 3, 73) Neben der Beschäftigung mit dem Pragmatismus, Darwin und der Völkerpsychologie interessiert sich Simmel für die Schriften des Physiologen und Physikers Helmholtz sowie für naturwissenschaftliche Atomtheorien (Fechner und Zöllner). Und selbstverständlich hat er auch eines der populärsten Grundbücher aus der zweiten Hälfte des 19. Jahrhunderts, Friedrich Langes *Geschichte des Materialismus* (1866), gründlich studiert.

Immer wieder liest man, dass sich dann etwa ab 1900 mit der *Philosophie des Geldes* Simmels Aufmerksamkeit gänzlich auf soziologische Fragen und Problemstellungen verschoben hat. Die Problematik der sozialen Wechselwirkung, das Form-Inhalt-Problem, der Relativismus und das Verhältnis der Philosophie zur Soziologie treten in den Vordergrund, auf methodologischer Ebene die Gegenstandskonstitution und Begründungsproblematik in den Sozialwissenschaften. Als Hauptwerke dieser mittleren Periode gelten neben der *Philosophie des Geldes* die überarbeiteten Fassungen von *Die Probleme der Geschichtsphilosophie* (1905, 1907) sowie die *Soziologie* (1908). In allen Werken lässt sich eine intensive Verarbeitung neukantianischer Positionen (Windelband, Rickert, auch Dilthey) nachweisen.

Die dritte Phase schließlich beginnt nach dem Abschluss der *Soziologie* durch die Bekanntschaft Simmels mit dem Werk Henri Bergsons, der ihm »wirklich etwas eminentes zu sein« scheint (Simmel an den Grafen Keyserling am 31. 8. 1908, zit. nach Simmel 1968, 239; GA 22, 666). Der Form-Inhalt-Dualismus der zweiten Phase hat sich nun zur Trias Leben – Form – Inhalt geweitet.[39] Grundbegriffe sind für Simmel – in Anlehnung an Nietzsche – »mehr Leben« und »mehr als Leben«. In welchen Formen kann das Leben unterkommen? Welche benötigt es, um sich auszudrücken – so lauten die neuen Fragestellungen, die Simmel lebensphilosophisch und mit Blick auf eine neue Metaphysik klären will. Ihre Ursachen haben alle aufgeworfenen Probleme in dem, was er den »tragischen Konflikt der modernen Kultur«, den unüberwindbaren Gegensatz von Subjekt und Objekt, subjektiver und objektiver Kultur nennt. Hauptwerke dieser dritten Phase sind der Essayband *Philosophische Kultur* (1911), die Monografien über *Goethe* (1913) und *Rembrandt* (1916) sowie Simmels Testament, die *Lebensanschauung* (1918).

So viel zur äußeren Chronologie, zu den – bei oberflächlicher Betrachtung – wechselnden Aufmerksamkeitsrichtungen und deutlichen Schwerpunktsetzungen. Allein, eine philosophische Entwicklungsgeschichte ergibt sich daraus noch nicht. Sie lässt sich auch nicht entsprechend der Norm der Gattung Entwicklungsroman – teleologisch und mit Schlussfinale – herauslesen, mögen dies auch philosophische Interpreten versucht haben und weiter versuchen wollen. Dafür gibt es zu viele »Vorausandeutungen« (Kant), Quer- und Rückverweise im Simmel'schen Werk, irritierende Interferenzen zwischen dem jungen Philosophen, dem mittleren Soziologen und dem späten Metaphysiker. »Diskursüberschneidungen«, wie wir heute sagen würden. Bereits im

Frühwerk taucht der Begriff Wechselwirkung auf, stößt Simmel auf den Symbolcharakter des Geldes, beschäftigt er sich mit ästhetischen und künstlerischen (Form-)Problemen; und noch der ganz späte Simmel, der doch, wie gern zitiert wird, der Soziologie angeblich abgeschworen hat, stellt der großen *Soziologie* inmitten seiner lebensphilosophischen Schaffensperiode eine kleine Soziologie, *Grundfragen der Soziologie* (1917), an die Seite.

All dies muss berücksichtigt werden, selbst noch in einer kleinen Einführung wie der unseren. Deshalb müssen wir bei unserer Darstellung zwischen chronologischen, die Werkgeschichte betonenden Aspekten und systematischen Fragestellungen hin und her oszillieren – müssen wir versuchen, die Diskursüberschneidungen deutlich werden zu lassen. Es mag dem Leser überlassen bleiben zu beurteilen, ob sich am Ende eine Gesamtkonzeption abzeichnet, die »nicht so sehr im Resultat, im inhaltlichen Zusammenhang, als vielmehr in der Denkbewegung, in der persönlichen Attitüde, welche die heterogene Wirklichkeit ordnet und formt«, besteht.[40]

4. »Betrachtung bekannter Thatsachen« – das Frühwerk

Nach den akademischen Pflichtübungen, der Promotion und der Habilitation, schreibt Simmel – wie durchaus üblich – eine Reihe von Rezensionen und kleineren Aufsätzen, die die Felder seiner Interessengebiete abstecken. Durchaus unüblich aber sind dabei seine Ansätze und der gewählte methodische Bezugsrahmen – Dinge, die für den akademischen Mainstream skandalträchtig sind und die Akte Simmels bei der Berliner Universität weiter anschwellen lassen. Bereits in der von der Fakultät abgelehnten Arbeit über *Psychologische und ethnologische Studien über Musik* – ein Jahr vor der Dissertation publiziert – ergreift er eindeutig Partei für Darwin und die gescholtene »Descendenz-Theorie«, indem er die Entwicklung der Kultur evolutionstheoretisch begreift und zugleich diese objektive Kultur als »im Prozeß der Formierung aus subjektiven vitalen Emotionen«[41] entstanden ansieht, kurz als Interaktions-und Wechselwirkungsprozss. Das ist ein Affront gegen die Zunftgemeinde, die, wie etwa Rudolf Virchow, den Darwinismus in engster Nähe zum Sozialismus sieht. So mahnt Virchow denn auch in einer Rede: »Ja, meine Herren, das mag Manchem lächerlich erscheinen, aber es ist sehr ernst, und ich will hoffen, daß die Descendenztheorie für uns nicht alle die Schrecken bringen möge, die ähnliche Theorien wirklich im Nachbarlande angerichtet haben. Immerhin hat auch diese Theorie, wenn sie conséquent durchgeführt wird, eine ungemein bedenkliche Seite, und daß der Sozialismus mit ihr Fühlung gewonnen hat, wird Ihnen hoffentlich nicht entgangen sein.«[42]

Aber Simmel geht noch weiter und setzt sich zwischen die Stühle, als er in einem Aufsatz von 1887 (»Über die Grundfrage des Pessimismus in methodischer Hinsicht«), ohne freilich Schopenhauer selbst anzugreifen, den modisch-intellektuellen Zeitgeist aufs Korn nimmt. Man könne nicht, wie der Pessimismus glauben machen möchte, eine »Negativität der Lustbilanz« errechnen, um dadurch dann zur Lebensabkehr zu gelangen. Vielmehr bestätige schon »die Beobachtung des thatsächlichen empirischen Verhältnisses von Lust und Leid – und nicht ihre vorgeblich absolute, an sich selbst festzustellende Größe –« die Relativität ihrer Werte (vgl. GA 2, 19).

Diese Bedeutung der Empirie, die nüchterne Beobachtung sozialer Tatsachen und Sachverhalte, streicht Simmel auch in anderen Arbeiten aus der zweiten Hälfte der 1880er Jahre heraus. Es geht ihm um die Abrechnung mit dem Idealismus und der Spekulation einerseits, denen er andererseits ein neues Forschungsprogramm, das die Exaktheit sozialwissenschaftlicher Arbeit einklagt, an die Seite stellt. Vor allem auf zwei Gebieten glaubt der frühe Simmel sich beteiligen zu müssen: auf dem Gebiet der Ethik und auf dem der Gesellschaftslehre, der Soziologie. Und zu beiden publiziert er Artikel, die als Präludien zu den nachfolgenden großen Monografien *Über sociale Differenzierung* (1890) und *Einleitung in die Moralwissenschaft* (1892/93) anzusehen sind.

In der Rezension eines Buches seines philosophischen Lehrers Steinthal von 1886, Simmels »erste[r] in vollem Sinne philosophisch selbständige[r] Publikation«[43], bringt er das Kernproblem der (idealistischen) Ethik auf den Punkt: »Die Frage ist ja eben, wie es *zugeht*, wie es logisch und psychologisch *möglich* ist, dass ein Gefühl, ein subjektiver, dem logischen Beweise unzugänglicher Vorgang, mit dem Anspruch auf eine Geltung auftreten könne, die, wie bei den ästhetischen und sittlichen, doch über die bloss subjektive Geltung hinausweist.« (Simmel 1886, 492; GA 1, 198 f.) Die Apriorität, die der Idealismus daraufhin zu Rate zieht, hilft aber nichts, sondern ist – im Hegel'schen Sinne – nur eine bloße Voraussetzung, etwas, das gesetzt als nicht gesetzt gilt. Mit dieser Voraussetzung jedoch argumentiert die idealistische Ethik »von Kant bis Steinthal«, wie es an einer Stelle der *Einleitung in die Moralwissenschaft* (Simmel 1892, Bd. 1, 290; GA 3, 280) heißen wird. All diese Ethiker wollen auf die Erfahrung verzichten, auf dasjenige, was nach Simmel allein – a posteriori freilich – Auskunft über die sich historisch wandelnden Sittlichkeitsbegriffe und Moralprinzipien geben kann. An die Stelle der Apriorität habe konkretes historisches Studium, habe die Berücksichtigung des »thatsächlichen empirischen Verhältnisses« zu treten. Aus diesem Grunde auch nennt Simmel seine eigene spätere Ethik, schon um den im Begriff mitklingenden Substanzialismus und Monismus abzuwehren, »Einleitung in die Moralwissenschaft«.

Eng mit der Idee der Apriorität der Sittlichkeit hängt ebenfalls deren unterstellte Normativität zusammen. Simmel antwortet darauf zum einen grundsätzlich und aus wissenschaftstheoretischen Erwägungen heraus, zum anderen indem er – mit Blick auf Steinthals Ethik – differenziert zeitkritische Aspekte bedenkt. Niemals könne man – dies ist seine Ansicht bis in die Spätphase hinein – von Seins- auf Sollensaussagen schließen; es gebe keine logisch begründete Möglichkeit, um von deskriptiven zu normativen bzw. präskriptiven Sätzen zu kommen. Wissenschaft sei Tatsachenwissenschaft, so auch im Bereich der Ethik. »Die Setzung und Begründung von Normen ist nicht ihre Aufgabe. Seiner Auffassung entsprechend können ethische Normen und Wertungen wissenschaftlich zwar analysiert, d. h. selbst als Tatsachen behandelt, aber nicht wissenschaftlich begründet werden.«[44] Dazu heißt es an einer Stelle der *Einleitung*, dass diese zwar die sittlichen Ideale »erklären, aber nicht beurtheilen« wolle. »So wenig der Anatom als solcher ein ästhetisches Urteil über den Körper auf dem Sezirtisch abzugeben hat, so wenig hat der Ethiker als wissenschaftlicher Forscher die Untersuchung der moralischen Phänomene mit einer moralischen Werthung ihrer zu vermengen. Dass in diesem Falle das Werthurtheil, dessen sich der Forscher anmasst, denselben generellen Inhalt hat, wie das Forschungsobjekt selbst, macht zwar jenes Durcheinandergehen von Erklärung und Normirung psychologisch verständlich; gerade daraus aber entsteht einer geschärfteren und differenzirenden Methodik die um so strengere Verpflichtung, die wissenschaftliche Aufgabe, die nur empirische oder hypothetische Wirklichkeiten parteilos feststellen soll, von der normativen zu scheiden, der die Wirklichkeit praktisch, also immer einseitig, zu gestalten obliegt.« (Simmel 1893, Bd. 2, V; GA 4, 11) Empirische Tatsachenfeststellung und -beschreibung auf der einen also, Wissenschaft mithin, praktische Anwendung und Normierung, das Feld gesellschaftlicher Praxis, auf der anderen Seite. Was hier als Postulat anklingt und seit Max Weber dann den Namen der »Werturteilsfreiheit« trägt, hat Simmel 1892/93 formuliert; es ist – implizit zumindest – auch in der Steinthal-Rezension bereits enthalten. Ja, vielleicht müsste man Simmel deshalb sogar als den Begründer der Lehre von der Werturteilsfreiheit ansehen.[45] Noch an einer anderen Stelle kommt Simmel auf den deskriptiven Charakter seiner Ethik zu sprechen: »Was man normative Wissenschaft nennt, ist thatsächlich nur Wissenschaft vom Normativen. Sie selbst normirt nichts, sondern sie erklärt nur Normen und ihre Zusammenhänge, denn Wissenschaft fragt stets nur kausal, nicht teleologisch, und Normen und Zwecke können wohl so gut wie alles andere den Gegenstand ihrer Untersuchung, aber nicht ihr eigenes Wesen bilden. Es ist demnach ein vollkommnes Missverständnis, wenn man aus der Ethik als Wissenschaft ein neues Sollen meint gewinnen zu können.« (Simmel 1892, Bd. 1, 321; GA 3, 308) Doch zurück zur Steinthal-Besprechung. Wenn man schon auf bestimmte ethische Ideen setze, sagt Simmel hier, dann könne man diese nicht – via Ethik – einfach dekretieren. »Was wir wirklich zu thun haben, um den Ideen der Güte, des Rechts, der Vollkommenheit etc. genug zu thun, das ergiebt sich nur auf Grund der empirischen Verhältnisse [...].« (Simmel 1886, 500; GA 1, 207) Keineswegs ist es so, wie Steinthal, manche Neukantianer (Cohen und Natorp etwa) und später die Austromarxisten (Max Adler) meinen, die glaubten, in der Ethik eine Propädeutik für den Sozialismus sehen zu können, dass sich die Geschichte planmäßig und zielgerecht auf den Sozialismus hin bewegt. Wieder greift Simmels Argument, diesmal in der Warnung vor dem Gedanken, dass der Wunsch der Vater des Gedankens sei. Die Ethik ist jedoch Tatsachenwissenschaft, nicht mehr und nicht weniger. Es ist nicht mehr Aufgabe des Wissenschaftlers, zu bestimmen, wohin sich die Gesellschaft entwickelt. Er kann es nicht bestimmen, weil diese Entwicklung Angelegenheit der gesellschaftlichen Praxis, der »empirischen Verhältnisse« ist, denen er – gut hegelisch – nur zusieht. Schließlich kontert Simmel noch auf die Ansicht, dass die sittlichen Ideen zum Bereich des »objektiven Geistes« (Hegel) zählen und sich so oder so durchsetzen, mit dem Hinweis auf den empirischen Menschen, der – gut marxisch – auf der festen wohlgerundeten Erde lebe, sich bewege und – hier greift Simmel die Geistphilosophie auf – als subjektiver Geist am objektiven partizipiere. Wenn dies aber so ist, wenn der subjektive Geist am objektiven teilhat, durch jenen gleichsam hindurchgeht und – in beidseitiger Wechselwirkung – auch wieder bestimmt werden kann, dann ist auch das Negative, das Böse, möglich. (Die Geschichte hat's gezeigt!) »Auch der Hexenglaube und der Antisemitismus, die Tortur und das Schlachtopfer der sittlichen Autonomie am Beichtstuhl sind Momente des objektiven Geistes, aus dem sie dann mit unberechenbarem Einfluss in unzählige Geister ausstrahlten und ausstrahlen. Da der objektive Geist eine *Realität* ist, so sicher und bestimmt wie nur irgend eine andere psychologische Bedingung des Geschehens, so verhält er sich auch zu den Ideen nicht anders, wie sich eine Realität überhaupt zu ihnen verhält. Darum ist er der Ort der Ideen nur soweit, als sie psychologisch oder physisch realisiert sind, aber nicht ihr Ort nach jener normativen Geltung, die gerade der Idealismus ihnen selbst für den Fall zuschreibt, dass sie nie in einen subjektiven oder objektiven Geist eingetreten wären und in Folge deren sie die Maasstäbe (sic!) bilden, an denen auch der Werth des objektiven Geistes gemessen wird, so dass sie nicht in ihm, sondern über ihm stehen.« (Simmel 1886, 501 f.; GA 1, 209) Das eben ist es: Geschichte wird von wirklichen, empirischen Menschen gemacht, nicht von Marionetten eines objektiven Geistes oder auch Weltgeistes; so weit teilt Simmel die Grundlagen des historischen Materialismus. Wo dieser aber zur wissenschaftlichen Weltanschauung degeneriert und sich darüber hinaus – im (falsch verstandenen) Marxismus – zur Geschichtsphilosophie aufspreizt, die die Gesetze des Weltgeistes zu Gesetzmäßigkeiten des Weltmarktes kürt, da verweigert ihm Simmel die Gefolgschaft.

Schon in der Frühphase zeigt sich Simmels ambivalente Haltung gegenüber dem Sozialismus. Während er politisch-praktisch durchaus für eine Zeit mit der Sozialdemokratie sympathisiert, zwischen 1891 und 1894/95 anonym bzw. unter Pseudonymen für den *Vorwärts* und Kautskys *Die Neue Zeit* Artikel beisteuert, noch 1905 einen Aufruf zur Befreiung Maxim Gorkis unterzeichnet und auch Vorträge vor der »sozialwissenschaftlichen Studentenvereinigung« an der Friedrich-Wilhelm-Universität hält, einer Vereinigung, die sozialistischer Grundtendenzen verdächtigt wird[46], ist seine theoretische Haltung gegenüber dem Sozialismus, zumindest in der Form des »Kathedersozialismus« oder in seiner neukantianischen Lesart, eher skeptisch bis ablehnend. Dies wird ebenfalls in der Steinthal-Besprechung deutlich. Gegen dessen Ansicht, »dass bei vollkommen sittlicher Gesinnung des einen gegen den andern das Privateigenthum schwinden müsste«, führt Simmel ins Feld, dass dadurch »gerade dem niedrigsten Arbeiter die schwierigste Aufgabe für Geist und Charakter gestellt« würde. »Es ist unendlich viel schwerer, aus idealen Gründen das Ausräumen einer Senkgrube zu besorgen, Schinder oder Scharfrichter zu werden, als aus eben denselben dem Problem der drei Körper nachzusinnen.« Der Arbeiter würde, je niedriger und ordinärer seine Arbeit sei, »eine um so heldenmüthigere Anspannung des Idealismus« benötigen, um »sie ohne Hoffnung besonderen äussern Lohnes zu vollziehn – es wäre dies ein Verhältniss, das geradezu an das Märchen von der verkehrten Welt erinnert« (vgl. Simmel 1886, 494 f.; GA 1, 201).

Überhaupt glaubt Simmel abschließend, dass der Gedanke der Gleichheit aller Menschen im Sozialismus sich eher kultur- und gesellschaftshemmend als fördernd auswirken würde. »Mir scheint nämlich alle Kultur nur so zustande zu kommen, dass eine gewisse Minorität von vornherein in der Lage ist, ohne jeden Zwang und ohne jede Verantwortung für den Erfolg sich der Produzirung der Kulturgüter hinzugeben. Der sozialistische Staat hebt diese Möglichkeit auf; indem er jedem das zu seinem Lebensunterhalte Nöthige liefert, muss er verlangen, dass jeder sich in nützlicher Weise für ihn bethätige (das Unterlassen hiervon würde ein Vergehen gegen das Eigenthum der Gesellschaft sein, das wie Diebstahl zu bestrafen wäre). Wie aber kann er a priori die unnütze Träumerei eines Phantasten von dem Sinnen des Genius unterscheiden, aus dem nachher die weltbewegenden Ideen hervorgehen? Ein sozialer Staat würde wahrscheinlich dem Professor Galvani verboten haben, sich mit solchen Kindereien, wie zuckende Froschschenkel sind, abzugeben, so gut wie er es heutzutage jemandem untersagen würde, auf Kosten der Gesellschaft am perpetuum mobile zu arbeiten.« (Simmel 1886, 495; GA 1, 202) Lassen wir einmal die – zumindest implizite – Nietzsche'sche Genietheorie wie auch den (interessanten) spieltheoretischen Ansatz, der später von Simmel mit Querverweisen auf Erfordernisse aus der gesellschaftlichen Praxis ergänzt wird, beiseite, dann werden wir – hundertdreißig Jahre später und (ein wenig) schlauer – nach den desaströsen Versuchen etwa zur Etablierung einer kommunistisehen Naturwissenschaft (der Fall Lyssenko) gewiss sagen können, dass Simmel hier seinen Finger auf einen wunden Punkt gelegt hat.

Die Steinthal-Rezension wie auch andere Besprechungen Simmels aus den 1880er Jahren sind aber nur Vorübungen, Materialsichtungen und Prolegomena, bis dann bei »eine[r] andere[n] Gelegenheit«, in der *Einleitung in die Moralwissenschaft*, die Schlussrechnung folgt. Gleichzeitig mit seinem Interesse an ethischen Fragestellungen entwickelt sich Simmels Vorliebe für soziologische Probleme. Und auch hier gibt es einen frühen Text von 1888, der zentrale Überlegungen aus Simmels späteren Arbeiten vorwegnimmt und – aus diesem Grund wohl – mit einigen Änderungen auch als drittes Kapitel Einlass in die Monografie *Über sociale Differenzierung* gefunden hat. Die zentrale These des Artikels »Bemerkungen zu sozialethischen Problemen« besagt, dass mit wachsender Entwicklung und Differenzierung einer Gesellschaft sich die Individualität des Einzelnen ausbildet. Gleichzeitig findet dann auch eine Annäherung an andere Menschen außerhalb der bestehenden Gruppe statt – Tönnies' Gemeinschaft. »Die wachsende Ausbildung durch Cultivirung bewirkt also einerseits ein schärferes Hervortreten der Individualität innerhalb der eignen Abtheilung, andrerseits eine Annäherung an die fremden, ein Hervortreten der über die ursprüngliche homogene Gruppe hinausgehenden Gleichheit mit einer grösseren Allgemeinheit.« (GA 2, 22) Unter Rückgriff auf anthropologische, ethnologische und völkerpsychologische Studien – namentlich erwähnt er Bachofen, Lippert und Darwin – führt Simmel den Nachweis, dass die Ausbildung von Individualität mit der schwindenden Bindekraft durch die soziale Gruppe zusammenhängt. Je roher, unzivilisierter und undifferenzierter die Gesellschaft ist, umso einheitlicher schließt sie sich nach innen zusammen und umso geschlossener tritt sie nach außen gegenüber anderen auf. Je entwickelter und differenzierter sie in ihren Beziehungen dagegen ist, umso stärker wird sie von der Individualität geprägt.

Was Simmel hier unter dem Begriff der Differenzierung vorführt, hat er dann allgemeiner mit dem Terminus Wechselwirkung umschrieben. Der Grad der Entwicklung einer Gesellschaft ist ablesbar am Netz sozialer Wechselwirkungen und Verflechtungen, die wieder in dem Maße steigen und sich komplizieren, wie auch die Differenzierung wächst. Entscheidend dafür sind die Entwicklung der Produktion und damit der Arbeitsteilung wie – insgesamt – der Kultur. Simmels Vision schließlich ist die einer Weltgesellschaft, in der freie Individuen, d.h. Individuen, die sich weitgehend vom Zwang der Gesellschaft, in der sie leben, befreit haben, miteinander umgehen.

Konsequent hat Simmel dann seine Differenzierungs- und Wechselwirkungsthesen weiterverfolgt und in seiner ersten Buchveröffentlichung nach der Dissertation breit ausgearbeitet. Tönnies, der zu den frühen Rezensenten von Simmels Buch *Über sociale Differenzierung* gehörte, hat von einem »anregende[n] Büchlein« gesprochen, nicht ohne dabei auch dessen Schwächen zu benennen: »subtile Logik, mathematische Deduktionen«. Insgesamt spürt Tönnies bei Simmel »manchmal etwas Unsicheres und wohl auch Unfertiges«[47]. Dieses Tastende und Versuchshafte hat Simmel selbst deutlich gesehen. Er hat es in einer grundlegenden erkenntnistheoretischen Einleitung reflektiert und auf den noch unentwickelten Zustand der Soziologie als Wissenschaft zurückgeführt.

Die Soziologie nämlich, so beginnt Simmel seine Einleitung, sei nur eine eklektische Wissenschaft. Sie habe keinen eigenen, spezifischen Gegenstand, sondern benutze lediglich das von anderen Wissenschaften bereitgestellte Material, um daraus freilich »neue Synthesen« und »einen neuen Standpunkt« zu gewinnen. »Sie verfährt mit den Ergebnissen der Geschichtsforschung, der Anthropologie, der Statistik, der Psychologie wie mit Halbprodukten; sie wendet sich nicht unmittelbar an das primitive Material, das andere Wissenschaften bearbeiten, sondern, als Wissenschaft sozusagen zweiter Potenz, schafft sie neue Synthesen aus dem, was für jene schon Synthese ist. In ihrem jetzigen Zustande giebt sie nur einen neuen Standpunkt für die Betrachtung bekannter Thatsachen.« (GA 2, 116) Wenn man als »Aufgabe der Soziologie« die Beschreibung der »Formen des Zusammenlebens von Menschen« sowie das Auffinden von »Regeln« versteht, »nach denen das Individuum, insofern es Mitglied einer Gruppe ist, und die Gruppen untereinander sich verhalten« (GA 2, 118), dann ähnelt – Simmel zufolge – die Soziologie der Metaphysik. Denn wie die Metaphysik, die ebenfalls aufs Ganze und aufs Absolute zielt, so geht auch die Soziologie mit ihrem Gegenstand um. Das Falsche metaphysischer Weltbilder bestehe darin, »daß entweder eine partielle Wahrheit zu einer absolut gültigen verallgemeinert, oder aus der Beobachtung gewisser Thatsachen ein Schluß auf das Ganze gezogen wird, der unmöglich wäre, wenn die Beobachtung noch weiter ausgedehnt wäre [...]« (GA 2, 120).

Dennoch ist Simmel weit davon entfernt, die Metaphysik *in toto* abzulehnen; er moniert nur deren Anspruch, vom Teil auf das Ganze schließen zu können. Als »Vorläufer« freilich hat sie, ähnlich wie psychologische Theorien, die Simmel gemeinsam mit der Metaphysik verrechnet, einen enormen Wert. »Wenn sie [Metaphysik und Psychologie, W. J.] auch nicht exakte Erkenntnis sind, so sind sie doch Vorläufer derselben. Sie orientieren doch einigermaßen über die Erscheinungen und schaffen die Begriffe, durch deren allmähliche Verfeinerung, Wiederauflösung und Zusammenfügung nach anderen Gesichtspunkten eine immer größere Annäherung an die Wahrheit erreicht wird [...].« (GA 2, 123) Durch diese Orientierungsleistung schaffen sie »wenigstens eine erste Organisierung der Massen« (ebd.).

Wenn auch der frühe Simmel sich um die Begründung einer exakten und jeder Spekulation abholden Sozialwissenschaft bemüht, so ist ihm doch klar, dass immer wieder Grenzen, Ränder entstehen, die zwar überschritten werden können, aber immer zuerst in Richtung auf die Metaphysik, deren Erklärungsmuster so lange wirksam bleiben, wie die exakte Wissenschaft noch keine Deutungen gefunden hat. Dadurch rückt die Metaphysik in den Stand einer propädeutischen Wissenschaft auf, die dasjenige Gebiet besetzt, das die nomothetischen Wissenschaften noch nicht begriffen haben. Daran wird Simmel während seines gesamten Lebens festhalten. Und seit der *Philosophie des Geldes* schließlich spricht er von zwei Grenzen, zwischen denen die exakte Wissenschaft steht: von einer unteren Grenze, dem erkenntnistheoretischen Gebiet, auf dem die Philosophie allererst die »Bedingungen, Grundbegriffe und Voraussetzungen der Einzelforschung« bereitstellt, und von einer oberen Grenze, wo die Metaphysik im engeren Sinne einsetzt. Sie unternimmt den Versuch, die unerklärliche Totalität des Seins, der Welt und des Lebens zum Ausdruck zu bringen.[48]

In *Über sociale Differenzierung* vergleicht Simmel den Zustand der Soziologie mit dem der Metaphysik. Denn wie diese suche sie ein Ganzes zu begreifen, ohne überhaupt für diesen Gegenstand einen klaren Begriff zu haben. Zwar wolle sie den Gegenstand Gesellschaft beschreiben und analysieren, aber bei näherem Zusehen löse sich dieser wieder in eine Vielzahl von Teilvorgängen, in ein unübersehbares Geflecht verschiedenster Wechselwirkungen auf. Und es gebe kein »höheres Gesetz«, das »die Bewegungen der kleinsten Teile« regle (vgl. GA 2, 125). Irreführend sei auch der andere Ansatzpunkt beim Individuum. Denn ebenso wie die Gesellschaft bestehe auch das Individuum aus einer »Vielheit«; es sei kein letztes Atom, sondern der Kreuzungs- und Durchgangspunkt verschiedenster Einflüsse. Was man für die Einheit des Menschen halte, sei »vielmehr die Summe und das Produkt der allermannichfaltigsten Faktoren, von denen man sowohl der Qualität wie der Funktion nach nur in sehr ungefährem und relativem Sinne sagen kann, daß sie zu einer Einheit zusammengehen« (GA 2, 127). Da nun weder beim Begriff der Gesellschaft noch bei dem des Individuums ein letzter Anhaltspunkt gefunden werden kann, der zum Grundbegriff und damit Gegenstand der Soziologie als Wissenschaft taugt, bleibt Simmel nichts anderes übrig, als das Fließende der Wechselwirkungen, durch das die Gesellschaft wie das Einzelindividuum sich in Schemen verlieren, zum spezifisch-unspezifischen Gegenstand zu erklären. Als forschungslogische Maxime folgt für Simmel daraus: »Und so darf man auch für die Erkenntnis nicht etwa mit dem Gesellschaftsbegriff beginnen, aus dessen Bestimmtheit sich nun die Beziehungen und gegenseitigen Wirkungen der Bestandteile ergäben, sondern diese müssen festgestellt werden, und Gesellschaft ist nur der Name für die Summe dieser Wechselwirkungen, der nur in dem Maße der Festgestelltheit dieser anwendbar ist. Es ist deshalb kein einheitlich feststehender, sondern ein gradueller Begriff, von dem auch ein Mehr oder Weniger anwendbar ist, je nach der größeren Zahl und Innigkeit der zwischen den gegebenen Personen bestehenden Wechselwirkungen.« (GA 2, 131)

Simmels große *Soziologie* geht dann noch weiter und ersetzt folgerichtig den Begriff Gesellschaft durch den der Vergesellschaftung. Denn Gesellschaft löse sich in die Formen der Vergesellschaftung auf. »Soll es«, so heißt es im ersten Kapitel der großen *Soziologie*, »also eine Wissenschaft geben, deren Gegenstand die Gesellschaft und nichts anderes ist, so kann sie nur diese Wechselwirkungen, diese Arten und Formen der Vergesellschaftung untersuchen wollen.« (Simmel 1908, 7; GA 11, 19) Was damit gemeint ist und was konkretes Aufgabengebiet der Soziologie ist, sagt Simmel wenig später: »[...] all die tausend, von Person zu Person spielenden, momentanen oder dauernden, bewußten oder unbewußten, vorüberfliegenden oder folgenreichen Beziehungen.« (Simmel 1908, 19; GA 11, 33) Implizit steckt dieses Programm schon im forschungslogischen Vorsatz von *Über sociale Differenzierung*, wenn Simmel von der Gesellschaft als einer »Summe« von Wechselwirkungen und dem Individuum als dem »Produkt« verschiedenster Faktoren spricht – mit weitreichenden Konsequenzen. Denn wenn die Gesellschaft nur das vorausgesetzte Resultat, mithin eine heuristische Annahme ist, die abhängig von den festgestellten und neu festzustellenden Wechselwirkungsprozessen erscheint, dann ist sie immer nur graduell bzw. relativ zu bestimmen, entsprechend dem Grade der eben festgestellten Wechselwirkungen. Sie ist damit – auf den Punkt gebracht – eine zwar anzustrebende Totalität, von der jedoch zu keinem Zeitpunkt gesagt werden kann, dass sie auch vollständig und umfassend wirklich erfasst worden ist. Die Frage taucht auf und wird an die große *Soziologie* erneut zu stellen sein, ob sich nicht am Ende der doch immerhin angestrebte Begriff der Gesellschaft in eine Schimäre auflöst und der Sozialwissenschaftler ohnmächtig wie der Zauberlehrling vor dem unübersehbar gewordenen Netz sozialer Wechselwirkungen und Differenzierungsprozesse resignieren muss. Mit anderen Worten: Steckt nicht im forschungslogischen Programm von *Über sociale Differenzierung* schon der Keim jenes Pessimismus, der – nach durchgeführtem Programm in der großen *Soziologie* – dann die Signatur des Simmel'schen Spätwerks prägt?

Kein Wunder ist es jedenfalls, wenn Simmels früher Rezensent Tönnies etwas »Unfertiges« und »Unsicheres« an *Über sociale Differenzierung* monicrt hat. Das vermeintlich Unfertige und Unsichere ist ebenfalls nur wieder Resultat eines Forschungsprogramms, das verschiedene soziale Wechselwirkungen analysiert. Zu einem Begriff von Gesellschaft oder noch deutlicher, wie Tönnies es fordert, zu einer klaren Stellungnahme in Bezug auf aktuelle Zeitfragen kommt Simmel nicht, kann er nicht kommen. Das Unfertige hat vielmehr Methode, und seinen äußerlich sichtbaren Niederschlag hat es schon in Simmels Darstellungsweise gefunden, die gewiss atypisch für einen Wissenschaftler ist, erst recht für einen, der – positivistischen Eingedenkens – die Exaktheit wissenschaftlicher Forschung einklagt. *Über sociale Differenzierung* ist keine streng systematische Abhandlung, sondern eine Sammlung von Essays, wobei an dieser Stelle Adornos Erklärung des Essays hilfreich sein mag. Der Essay – so Adorno – fange sofort mit dem an, worüber er reden wolle; er verweigere die Definition seiner Begriffe und verfahre bewusst methodisch-unmethodisch. »Der Essay [...] nimmt den antisystematischen Impuls ins eigene Verfahren auf und führt Begriffe umstandslos, ›unmittelbar‹ so ein, wie er sie empfängt. Präzisiert werden sie erst durch ihr Verhältnis zueinander.«[49] Hiermit ist auch Simmels Verfahren gut charakterisiert.

Was rein äußerlich als ein sechs Kapitel umfassendes Buch erscheint, ist bei näherem Zusehen eine Essaysammlung, die verschiedene Ausschnitte und Fragmente eines hochkomplexen, für moderne Gesellschaften charakteristischen Wechselwirkungszusammenhangs vorstellt und analysiert. Simmel spricht nacheinander »Über Kollektivverantwortlichkeit«, über »Die Ausdehnung der Gruppe und die Ausbildung der Individualität«, »Das soziale Niveau« und »Über die Kreuzung socialer Kreise«, um dann im letzten Essay (»Die Differenzierung und das Prinzip der Kraftersparnis«) zur Quintessenz und Pointe seiner Theorie zu gelangen.

Wie schon in dem Aufsatz von 1888 läuft Simmels Argumentation darauf hinaus, dass in dem Maße, wie sich die Gesellschaft vergrößert, vielfältigere Wechselwirkungs- und Differenzierungsprozesse in Gang gesetzt werden, die wiederum Individualisierungsschübe freisetzen. »Erweitert sich der Kreis, in dem wir uns bethätigen und dem unsere Interessen gelten, so ist darin mehr Spielraum für die Entwicklung unserer Individualität [...].« (GA 2, 174) Ablesbar ist diese am Persönlichkeitsbewusstsein, das sich steigert, je größer das gesellschaftliche Umfeld ist und je lockerer die Bindungen des Einzelnen an eine fixe Gruppe werden. Im Gegensatz etwa zu Nietzsche, der ausschließlich vom Leiden des modernen, aus traditionellen sozialen Bindungen und transzendenten Orientierungen freigelassenen Menschen gesprochen hat (nichts sei schwerer, als das eigene Ich aushalten zu können!), wertet Simmel dieses Freigesetztsein zunächst einmal als evolutionären Fortschritt. »Dasjenige nämlich, wodurch und woran die Persönlichkeit sich dokumentiert, ist der Wechsel der einzelnen Gefühle, Gedanken, Bethätigungen; je gleichmäßiger und unbewegter das Leben fortschreitet, je weniger sich die Extreme des Empfindungslebens von seinem Durchschnittsniveau entfernen, desto weniger stark tritt das Gefühl der Persönlichkeit auf; je wilder aber jene schwanken, desto kräftiger fühlt sich der Mensch als Persönlichkeit.« (GA 2, 191) Je komplexer, d. h. für Simmel, je differenzierter sich die Gesellschaft gestaltet, umso größer wird die Möglichkeit für den Einzelnen, seine Individualität auszuleben. Allerdings nur der Möglichkeit nach, denn auf der anderen Seite nehmen die quantitativen und strukturellen Abhängigkeiten zu. Während in weniger entwickelten Gesellschaften und Kulturen der Einzelne vor allem qualitativ als Mitglied einer Gruppe bestimmt war, als Angehöriger eines sozialen Kreises, dessen Normen und Konventionen, Wertsetzungen und Einstellungen ihn determinierten, erfährt sich der Einzelne nun in einer doppelten Rolle: als soziales Wesen (als Mitglied einer Partei, eines Vereins oder Verbandes, als Arbeiter etc.) und als Individuum. Die qualitative Bestimmtheit seiner Existenz ist durch eine Vielzahl quantitativer Bestimmungen ersetzt worden.

Präzise hat Hannes Böhringer diese Dialektik beschrieben: »Die soziale Differenzierung rückt die Person immer stärker in den Kreuzungspunkt verschiedenster sozialer Kreise. In ihm entfaltet sich ihre Individualität. Doch während sie im Schnittpunkt der Kreise herausdifferenziert wird, droht sie gleichzeitig in eben deren Kräftefeld zerrissen zu werden, weil die verschiedenen, sich oft ausschließenden Ansprüche und Pflichten, die die einzelnen Kreise bei ihren Mitgliedern anmelden, in derselben Person kollidieren – und das um so mehr, je differenzierter sie ist.«[50] Böhringers Schluss freilich, dass »die soziale Differenzierung Individualität frei[setzt], um sie auf Dauer wieder selbst zu zerstören«[51], kennzeichnet zwar Simmels spätere kulturpessimistische Haltung, trifft aber nicht auf *Über sociale Differenzierung* zu. Denn in ihr benennt Simmel nur diese Dialektik, hält es aber insgesamt für einen evolutionären Fortschritt der Menschheit, dass es über Wechselwirkungsprozesse überhaupt zur Individualisierung kommt.[52]

In Anwendung einer Formulierung des späten Simmel kann man den evolutionären Fortschritt der Menschheit auf dem »Weg von der geschlossenen Einheit durch die entfaltete Vielheit zur entfalteten Einheit« verorten (vgl. Simmel 1919, 225; GA 14, 387). Die Differenzierung zersetzt die undifferenzierte Einheit des Einzelnen mit der Gemeinschaft, um am Ende den Einzelnen, bereichert durch die Resultate verschiedenster Wechselwirkungsprozesse, durch soziale Interaktion und Kommunikation, wieder zu sich zurückkommen zu lassen. An einer Stelle in *Über sociale Differenzierung* hat Simmel das idealtypische Bild dieses Vorgangs explizit gezeichnet: »Nachdem die Synthese des Subjektiven das Objektive hervorgebracht, erzeugt nun die Synthese des Objektiven ein neueres und höheres Subjektives – wie die Persönlichkeit sich an den socialen Kreis hingiebt und sich in ihm verliert, um dann durch die individuelle Kreuzung der socialen Kreise in ihr wieder ihre Eigenart zurückzugewinnen. [...] An ihrem Ursprung ist sie doch auch nur der Kreuzungspunkt unzähliger socialer Fäden, das Ergebnis der Vererbung von verschiedensten Kreisen und Anpassungsperioden her, und wird zur Individualität durch die Besonderheit der Quanten und Kombinationen, in denen sich die Gattungselemente in ihr zusammenfinden. Schließt sie sich nun mit der Mannichfaltigkeit ihrer Triebe und Interessen wieder an sociale Gebilde an, so ist das sozusagen ein Ausstrahlen und Wiedergeben dessen, was sie empfangen, in analoger, aber bewußter und erhöhter Form.« (GA 2, 241) Der Weg der Evolution ist mithin der eines Fortschritts durch Differenzierung und Wechselwirkung in Richtung auf eine Erhöhung und Bereicherung des Subjekts und seiner Individualität.

Am Ende beschreibt Simmel dann die soziale Differenzierung als evolutionäres Gesetz der Kraftersparnis. Die Differenzierung sei ein »evolutionistische[r] Vorteil« (GA 2, 259), der sich überall beobachten lasse. Dieser sei in der Kraftersparnis auf den Begriff gebracht, die wiederum »die Vorbedingung der Kraftausgabe« sei. »Jedes Wesen ist in dem Maße vollkommener, in dem es den gleichen Zweck mit einem kleineren Kraftquantum erreicht. Alle Kultur geht nicht nur dahin, immer mehr Kräfte der untermenschlichen Natur unsern Zwecken dienstbar zu machen, sondern auch jeden dieser letzteren auf immer kraftsparenderem Wege durchzusetzen.« (GA 2, 259) Simmels Beispiele hierfür reichen von der Entwicklung der Arbeitsteilung über den technologischen Fortschritt bis zur Bildung eines modernen Verwaltungsapparates. »So macht ein großer, einheitlich verwalteter Staat eine große und bis ins Kleinste arbeitsteilig gegliederte Beamtenschaft nötig, richtet aber mit diesem bedeutenden, durch seine Einheitlichkeit und seine Differenzierung erforderlichen Kraftaufwand doch auch relativ viel mehr aus, als wenn eben dasselbe Gebiet in lauter kleine staatliche Einheiten zerfiele, deren jede freilich sicher keiner hohen Differenzierung des Verwaltungskörpers bedarf.« (GA 2, 262) Bezüglich des Subjekts erscheint damit die im Begriff der Kraftersparnis zusammengefasste soziale Differenzierung als Entlastung – durchaus im Sinne Gehlens. Der Preis des Fortschritts allerdings, den wieder das Subjekt zu zahlen hat, besteht in der Zunahme und Verdichtung eines breiten Netzes sozialer Abhängigkeiten, deren verdinglichende Dimensionen – Habermas' Übergriffe und ständige Interventionen des Systems in die Lebenswelt – der späte Simmel dann als Konflikt und Tragödie der Kultur analysieren wird.

In gerader Verlängerung seiner Thesen in *Über sociale Differenzierung* erscheint Simmels zweibändiges Werk *Einleitung in die Moralwissenschaft.* Nichts geht dabei verloren. Nur greift hier Simmel aus dem dichten Netz von Wechselwirkungsprozessen gleichsam einen einzelnen Komplex, einen einzigen Wechselwirkungszusammenhang heraus. Das Gebiet der Ethik, zusammengefasst im Begriff der Sittlichkeit, ist für Simmel gleichermaßen das Resultat von historisch akkumulierten Erfahrungen wie von sozialen Verhältnissen. Wenn er deshalb seiner Arbeit den Titel *Einleitung in die Moralwissenschaft* gibt, dann hat dies vor allem zwei Gründe: Zum einen wendet er sich gegen alle philosophischen Ethiken (vornehmlich) idealistischer Provenienz, die die ethischen Grundbegriffe als substanzielle Wesenheiten des Menschen definieren und damit zugleich auch Normen setzen; zum anderen drückt sich darin die Überzeugung aus, dass alle Ethiken nur einen *post-festum*-Charakter tragen. In z.T. plausiblen, manchmal aber auch ob ihrer minutiösen Kasuistik ermüdenden Reflexionen weist Simmel den Anspruch idealistischer Ethiken »von Kant bis Steinthal« zurück, das Wesen der Ethik und deren normative Implikationen erkannt zu haben. Vielfach bleibe davon nur »eine blosse Worthülle« übrig, »mit der Jeder den von ihm besonders geschätzten bzw. perhorreszirten Inhalt bekleidet« (Simmel 1893, Bd. 2, III; GA 4, 9). Es gebe weder den Begriff der Tugend noch den der Glückseligkeit; diese seien vielmehr »aus vorangegangenen physisch-psychischen Verhältnissen gesetzmässig [entsprungen]« (Bd. 1, 466; GA 3, 442). Auch die Vorstellung einer allgemein waltenden Sittlichkeit helfe nicht weiter. »Nur die abstrakte Reflexion, die das Verhältniss von Begriffen feststellen will, darf sich der Kürze halber so ausdrücken. Wo es auf die Erkenntnis der Wirklichkeiten ankommt, darf nur Einzelnes aus Einzelnem, jeder Vorgang nur durch Zerlegung in die einfachsten Triebkräfte erklärt werden, [...].« (Bd. 1, 286; GA 3, 277) Dazu ist dann gefordert, »die socialen Fäden«, »die sich überall hineinspinnen«, herauszuarbeiten (vgl. Bd. 1, 169; GA 3, 169).

Wenn man wie Simmel die Herausbildung menschlicher Sittlichkeit abhängig sieht von sozialen Differenzierungsprozessen und immer komplexeren Wechselwirkungszusammenhängen (vgl.

Bd. 1, 180, 188; GA 3, 179, 186f.), dann kann das forschungslogische Programm einer Ethik, wie sie Simmel vorschwebt – im Grunde: einer Metaethik –, nur so aussehen, dass diese Ethik jeweils konkrete historische und soziale Sachverhalte auf die in ihnen ausgeprägten sittlichen Verhaltensweisen bezieht und die wechselseitige Relation beschreibt. Wiederum begegnen uns hier die Forderungen, die schon den methodischen Vorsatz von *Über sociale Differenzierung* bildeten. An die Stelle philosophischer Spekulation habe empirische Forschung zu treten, und statt metaphysischer Begriffsanalyse sei historische und soziologische Detailarbeit gefordert. Demgemäß beschließt dann auch Simmel den zweiten Band der Einleitung mit den die Philosophie brüskierenden Sätzen: »Die Geschichte der englischen Fabrikgesetzgebung belehrt uns besser über das Verhältniss von Egoismus und Altruismus, als die scharfsinnigste Zergliederung dieser Begriffe; und die Beziehungen zwischen Religion und Sittlichkeit werden durch keine noch so sinnige philosophische Konstruktion so geklärt werden können, wie durch eine ethnologische Untersuchung über die gegenseitige Beeinflussung ihrer ursprünglichsten Formen.« (Bd. 2, 424f.; GA 4, 387f.)

August Gallinger, einer der frühen Rezensenten von Simmels *Einleitung*, spricht für viele, wenn er glaubt, Simmels Arbeit nur als »ein rein kritisches Werk, ohne jedes positive Ergebnis« abkanzeln zu können.[53] Damit ist jedoch der Simmel'sche Ansatz völlig verkannt. Tatsächlich erhebt Simmel gar nicht den Anspruch, Grundzüge einer neuen Ethik, geschweige denn ein neues ethisches System, formulieren zu wollen, sondern kritisiert lediglich ethische Grundbegriffe bzw. ethische Argumentationen. Zu Recht weist er auch auf die verschwiegenen und verborgenen historischen Abhängigkeiten, sozialen Implikationen und geschichtsphilosophischen Voraussetzungen traditioneller Ethikkonzepte hin. Simmel spricht von den historisch sich wandelnden ethischen Inhalten und gelangt am Ende zu dem Ergebnis, dass jede Prätention auf allumfassende Aussagen, seien diese rein formal oder historisch konkret bestimmt, zurückgewiesen werden müsse. Ethik könne nur *post festum* und in jedem einzelnen Fall konkret beschreiben, wie der Sachverhalt beschaffen sei. Damit antizipiert Simmel einen Grundgedanken seines späteren Werks, die Idee vom individuellen Gesetz.

Die letzten Passagen der *Einleitung* schlagen auch wieder eine Brücke zu Simmels frühen soziologischen Arbeiten, hier unter Bezug auf die Entwicklung sittlicher Vorstellungen. Während das Individuum »früherer Zeiten« wesentlich von einer fixen sozialen Gruppe in seinem Denken und Handeln wie seinen Werthaltungen bestimmt war, ist es nun mit den gewachsenen Abhängigkeiten von vielen sozialen Kreisen gleichzeitig isolierter geworden. Dabei »zeigt sich [...] das eigenthümliche Verhältniss, dass die Differenzierung der socialen Kreise, vom Kulturfortschritt ebenso getragen, wie sie ihn trägt, einerseits offenbar zu immer häufigeren Konflikten Veranlassung geben muss, weil die Kreise immer unabhängiger von einander werden, andrerseits gerade die Individualisirung, d.h. die scharf charakterisierte Persönlichkeit, herausarbeitet, die an der Fülle ihrer Bethätigungen sich ihrer *Einheit* bewusst wird. Auf diesem Wege wird der Konflikt geradezu zur Schule, in der sich das Ich bildet.« (Bd. 2, 417; GA 4, 381) Daraus erklärt sich dann auch das Verhältnis der Ethik zu den Sozialwissenschaften; denn diese liefern jener allererst das Material bzw. die materielle Voraussetzung, um dann von Fall zu Fall, im Einzelnen und *post festum*, den sittlichen Sachverhalt zu analysieren. Ohne die Sozialwissenschaften in ihrer Funktion als Hilfswissenschaften bliebe Ethik weiterhin philosophische Spekulation oder – wie in Simmels eigener Arbeit – lediglich eine Propädeutik zur Ethik. Aufgabe der Sozialwissenschaften (Soziologie, Sozialpsychologie, Geschichtswissenschaft) ist es also, die Fundamente der Ethik, soziale Wechselwirkungszusammenhänge, zu klären (vgl. Bd. 2, 417; GA 4, 381).

5. Ein Gesamtbild moderner Kultur unter dem Zeichen des Geldes

Simmels akademische Veranstaltungen aus den 1890er Jahren decken ein breites Spektrum ab: Fragen der Soziologie und Ethik, Probleme der Sozialpsychologie und modernen Kultur, die Geschichte der Philosophie, insbesondere der des 19. Jahrhunderts, schließlich Kant und Schopenhauer. Hinzu kommen zahllose Essays, Beiträge fürs Zeitungsfeuilleton, Glossen und Aufsätze, deren Themenvielfalt von ästhetischen, literatur- und kunsthistorischen Überlegungen (»Gerhart Hauptmanns ›Weber‹«, 1892/93; »Böcklins Landschaften«, 1895; »Soziologische Ästhetik«, 1896; »Stefan George«, 1898) über soziologische Grundfragen und methodologische Erwägungen (»Das Problem der Soziologie«, 1894; »Zur Psychologie der Mode. Soziologische Studie« und »Zur Soziologie der Familie«, 1895; »Zur Methodik der Sozialwissenschaft«, 1896) bis zur Diskussion um die Rolle der Frau und die Geschlechterproblematik (»Zur Psychologie der Frauen«, 1890; »Einiges über die Prostitution in Gegenwart und Zukunft«, 1892; »Der Militarismus und die Stellung der Frauen«, 1894) reicht.

Beherrschende Themen der Jahre vor der Jahrhundertwende sind für Simmel jedoch die Fragen nach dem Geld, der Geldwirtschaft und ihrem Einfluss auf das moderne Leben und die Kultur. Schon 1889 hatte sich Simmel in einem Essay mit der »Psychologie des Geldes« beschäftigt und war zu dem Ergebnis gekommen, dass das Geld »das absolut Objektive« sei, »an dem alles Persönliche endet. Darum hat es auch keine Geschichte in dem Sinne, wie sie jedem anderen Besitzstück für unser Gefühl den verschiedensten, positiven und negativen, oft durch nichts aufzuwägenden Wert verleiht; die Vorstellung, daß an einem bestimmten Gelde ›Blut klebt‹ oder ›ein Fluch haftet‹, ist eine sentimentale Projizierung ohne Berechtigung und mit wachsendem Geldverkehr notwendigerweise immer seltener werdend; im höchsten Maße gilt das non olet von ihm.« (Simmel 1889, 1261; GA 2, 60) Auch in den großen Arbeiten der frühen 1890er Jahre kommt er – zumindest vorübergehend – immer wieder auf die Probleme der Geldwirtschaft und des Geldverkehrs zu sprechen (vgl. GA 2, 266; 1892, Bd. 1, 208f.; GA 3, 204f.). Grundsätzlicher aber werden die Reflexionen über die Geldproblematik erst in den Aufsätzen und Essays nach 1895, so in »Das Geld in der modernen Cultur« (1896), »Die Bedeutung des Geldes für das Tempo des Lebens« (1897) oder »Zur Philosophie der Arbeit« (1899), die mehr oder minder unverändert dann in die *Philosophie des Geldes* eingegangen sind.

Wichtige Gründe für Simmels gestiegenes Interesse am Problem der Geldwirtschaft sind die Erfahrungen des großstädtischen Lebens und Simmels Einsicht in den engen, wechselseitigen Zusammenhang der Geldwirtschaft mit dem Anwachsen der Großstädte. Schließlich hat Simmel selbst Berlins rapides Wachstum in den 1890er Jahren am eigenen Leib verspürt. Und aus unmittelbarer Anschauung mag wohl auch der Essay »Die Großstädte und das Geistesleben« (1903) entstanden sein, in dem Simmel noch einmal eine gedrängte Zusammenfassung wesentlicher Einsichten der *Philosophie des Geldes* bietet. Das exponenzielle Wachstum der Großstädte, die »von jeher die Sitze der Geldwirtschaft« gewesen sind (Simmel 1984, 193; GA 7, 118), hängt nicht zuletzt mit der Ausweitung der »Verstandesherrschaft« zusammen, ja diese bildet sozusagen das intellektuelle Substrat der Geldwirtschaft. Max Weber hat dafür den Terminus Zweckrationalität verwendet. »Geldwirtschaft [...] und Verstandesherrschaft«, so Simmel, »stehen im tiefsten Zusammenhange. Jenen ist gemeinsam die reine Sachlichkeit in der Behandlung von Menschen und Dingen, in der sich eine formale Gerechtigkeit oft mit rücksichtsloser Härte paart.« (Simmel 1984, 193; GA 7, 118) Das Medium, in dem der Verstand seine Berechnungen und Kalkulationen anstellt, ist das Geld: »[...] indem das Geld alle Mannigfaltigkeiten der Dinge gleichmäßig aufwiegt, alle qualitativen Unterschiede zwischen ihnen durch Unterschiede des Wieviel ausdrückt, indem das Geld, mit seiner Farblosigkeit und Indifferenz, sich zum Generalnenner aller Werte aufwirft, wird es der fürchterlichste Nivellierer, es höhlt den Kern der Dinge, ihre Eigenart, ihren spezifischen Wert, ihre Unvergleichbarkeit rettungslos aus.« (Simmel 1984, 196; GA 7, 121) Doch nicht nur dem wirtschaftlichen Leben prägt das Geld seinen Stempel auf, sondern dem gesamten »Stil des Lebens«, den Lebenseinstellungen, Werthaltungen und Interaktionsformen der Menschen. Es bestimmt insgesamt »das Tempo des Lebens« (vgl. Simmel 1897a; GA 5, 215).

1900 dann erscheint die *Philosophie des Geldes*, ein Buch, an dem Simmel lange Jahre gearbeitet hat und dessen Thematik ihm z.T. recht schwergefallen ist. So beklagt er sich hinsichtlich der Werttheorie in einem Brief an Rickert vom 10. Mai 1898, dass es bei der Arbeit »weder vorwärts noch rückwärts« gehe, und am 15. August 1898 gar stöhnt und verzweifelt er: »Gerade das Allerelementarste macht mir bisher unüberwundene Schwierigkeiten.« (zit. nach: GA 6, 727; GA 22, 292 u. 305) Dennoch ist es 1900 soweit, in dem Jahr, wo Freud die *Traumdeutung*, Deniker *Die Rassen und Völker der Erde* und Mach die *Analyse der Empfindungen und das Verhältnis des Physischen zum Psychischen* publiziert, wo Schnitzlers *Reigen* und Heinrich Manns *Im Schlaraffenland* veröffentlicht werden. Will man dem Urteil von Simmels Freund Karl Joël Glauben schenken, dann hat aber vor allem die *Philosophie des Geldes* den Nerv der Zeit getroffen. Denn in diesem »Zeitalter der Procente und Stückzahlen, der Grade und Nummern, der Majoritäten, der Paragraphen, der Minuten, der Waagen und Messer« entwerfe die *Philosophie des Geldes* »ein Gesamtbild moderner Kultur unter dem Zeichen des Geldes«[54]. Dieses Buch, das »nur in dieser Zeit und nur in Berlin geschrieben werden [konnte]«, erlausche »mit feinstem Ohr den innersten Ton modernen Lebens aus dem Stimmengewirr des großen Markts«, »den Ton, den man nicht hört, wie nach den Pythagoreern die Sphärenharmonie, weil er immer tönt«[55]. Auch wenn es »das Oekonomische leuchtend heraus[hebe]«, so doch nur, um dies wieder »zugleich ins Universale, Philosophische aufzulösen; es zeigt das Geld nicht als die causale Grundkraft, sondern als den unsäglich beziehungsreichen Ausdruck; es zeigt die gewaltige Rolle des Geldes, aber eben die Rolle, die es spielt, nicht die es schafft.«[56]

Joëls Besprechung, mag sie auch den Charakter einer Gefälligkeitsrezension tragen, hat dennoch feinfühlig die Intention des Buches beschrieben. Die *Philosophie des Geldes* ist zum Wenigsten ein philosophischer Beitrag zu ökonomischen Frage- und Problemstellungen. Weit eher wird man ihr gerecht, wenn man sie als eine (kryptische) Theorie der Moderne begreift, als einen Versuch, sich an dem Hegel'schen Diktum abzuarbeiten, wonach es die Aufgabe der Philosophie sei, ihre eigene Zeit in Gedanken zu erfassen.[57] Ausdrücklich weist Simmel selbst in der Vorrede den Gedanken zurück, dass seine *Philosophie des Geldes* einen philosophischen Beitrag zu nationalökonomischen Fragen darstelle. »Wenn es eine Philosophie des Geldes geben soll, so kann sie nur diesseits und jenseits der ökonomischen Wissenschaft vom Gelde liegen: sie kann einerseits die Voraussetzungen darstellen, die, in der seelischen Verfassung, in den sozialen Beziehungen, in der logischen Struktur der Wirklichkeiten und der Werte gelegen, dem Gelde seinen Sinn und seine praktische Stellung anweisen.« (GA 6, 10) Die Untersuchung dieser Voraussetzungen sei Aufgabe des analytischen Teils einer »Philosophie des Geldes«, die Simmel in den ersten drei Kapiteln seines Buches (»Wert und Geld«, »Der Substanzwert des Geldes«, »Das Geld in den Zweckreihen«) abhandelt. Im synthetischen Teil dann (Kap.4–6, »Die individuelle Freiheit«, »Das Geldäquivalent personaler Werte«, »Der Stil des Lebens«) sollen die Wirkungen »auf das Lebensgefühl der Individuen, auf die Verkettung ihrer Schicksale, auf die objektive Kultur« (GA 6, 10) Gegenstand sein. Mit Blick auf den Marxismus und zeitgenössische sozialistische Theorien heißt es dann noch am Ende der Vorrede, dass es darum gehe, »dem historischen Materialismus ein Stockwerk unterzubauen, derart, daß der Einbeziehung des wirtschaftlichen Lebens in die Ursachen der geistigen Kultur ihr Erklärungswert gewahrt wird, aber eben jene wirtschaftlichen Folgen selbst als das Ergebnis tieferer Wertungen und Strömungen, psychologischer, ja, metaphysischer Voraussetzungen erkannt werden« (GA 6, 13).

Dieser methodische Vorsatz, der scheinbar das marxistische Basis-Überbau-Schema geradezu umkehren will, hat dann auch auf der Linken barsche Kritik herausgefordert. Man beschimpfte Simmel als »Geldapologeten« und warnte vor einer Philosophie, die »*für* die Zeit« erziehe und im Eigentlichen nur eine neue Metaphysik vorstelle.[58] Zu Unrecht. Simmel bleibt zwar den Oberflächenerscheinungen verhaftet und bestimmt auch, wie Backhaus angemerkt hat, die Objektivität von Gesellschaft »nur von der ›Erscheinungsform‹ des Wertes her«[59], gewinnt damit jedoch gleichzeitig einen Blick für die Pathologie des Alltäglichen, für alltägliche Verhaltensweisen und Umgangsformen.

Brinkmann ist deshalb zuzustimmen, wenn er die Aktualität der *Philosophie des Geldes* im Zusammenhang mit neueren alltagssoziologischen Ansätzen verdeutlicht: »Die gegenwärtig wieder anhebende Diskussion um das Alltagsbewußtsein, die zu Recht an die Phänomenologen anknüpft, [...] könnte mit großem Gewinn auch an die Analysen Simmels anknüpfen. Hier ist anhand seiner ›Philosophie des Geldes‹ Material über den Zusammenhang alltäglichen Lebens und moderner Geldwirtschaft ausgebreitet. Man sollte dieses Buch in den Diskussionszusammenhang von Lebenswelt, Bewußtseinsformationen, Reaktionsweisen etc. unbedingt einbeziehen.«[60] Dieser Zusammenhang von alltäglichem Leben und moderner Geldwirtschaft durchzieht Simmels Buch vom ersten bis zum letzten Kapitel, von der Werttheorie, die subjektiv und rein quantitativ bestimmt wird, bis zu den Analysen über den Stil des Lebens, worin Simmel die Deformationen in einer entfremdet-verdinglichten Kultur beschreibt.

Simmels Hauptthese aus der *Philosophie des Geldes*, zusammengefasst noch einmal in einer Selbstanzeige des Buches von 1901, läuft wieder auf die Ergebnisse seiner Studie *Über sociale Differenzierung* hinaus, dass nämlich mit wachsender Differenzierung und immer komplexeren Wechselwirkungsprozessen die Abhängigkeit von einer fixen Gruppe zugunsten vielfältiger, nur relativer Abhängigkeiten schwindet, damit aber die individuelle Freiheit wächst. Freilich präzisiert hier Simmel den Differenzierungsprozess und führt ihn auf »[d]ie Objektivierung des Lebens auf Grund seiner Bestimmtheit durch das Geld« zurück (vgl. GA 6, 720). »Das subjektive Gefühl der Freiheit wird nun gerade durch die Thatsache getragen, daß der Mensch der ausgebildeten Geldwirtschaft von einer immer wachsenden Zahl von Personen abhängig wird; allein die Bedeutung dieser für das Subjekt ist eben eine rein sachliche: als Träger von Funktionen, Besitzer von Kapitalien, Vermittler von Bedürfnissen; was sie außerdem als Personen sind, steht nun gar nicht mehr in Frage.« (GA 6, 721) Am Ende steht das moderne Individuum vor dem Dilemma, dass die Versachlichung des Lebens es zwar aus alten Bindungen gelöst hat, dass es sich aber der neugewonnenen Freiheit nicht recht zu erfreuen weiß (vgl. GA 6, 723). Der junge Lukács hat – gewiss unter dem Eindruck der Simmel'schen Philosophie und insbesondere der *Philosophie des Geldes* – diesen Zustand des modernen Menschen mit einer Anleihe bei Fichte als »transzendentale Obdachlosigkeit« bezeichnet. Deutlich wird aus Simmels Selbstanzeige auch, dass er der gewachsenen Freiheit, dem »Fortschritt im Bewußtsein der Freiheit« (Hegel), den er in den Frühschriften noch so emphatisch begrüßt und mit der Hoffnung auf eine Weltgesellschaft verbunden hatte, immer skeptischer gegenübertritt.

Nun im Einzelnen. Das erste Kapitel entwickelt eine Werttheorie, dasjenige, was Simmel, wie wir aus den Briefen an Rickert bereits wissen, zugleich als das Schwerste erschienen ist. Diese Theorie, vermutlich unter Rückgriff auf Menger und Böhm-Bawerk formuliert[61], führt den Wert als rein subjektive Größe ein; er wird als individueller Akt gesetzt: »Die Wirklichkeit und der Wert sind [...] zwei verschiedene Sprachen, in denen die logisch zusammenhängenden, in ideeller Einheit gültigen Werte der Welt, das, was man ihr ›Was‹ genannt hat, sich der einheitlichen Seele verständlich machen – oder auch die Sprachen, in denen die Seele das reine, an sich noch jenseits dieses Gegensatzes stehende Bild dieser Inhalte ausdrücken kann.« (GA 6, 28) Einer Sache kommt insofern Wert zu, als ein Subjekt sie als wertvoll beurteilt. »In welchem empirischen oder transzendentalen Sinne man auch von ›Dingen‹ im Unterschied vom Subjekte sprechen möge – eine ›Eigenschaft‹ ihrer ist der Wert in keinem Fall, sondern ein im Subjekt verbleibendes Urteil über sie.« (GA 6, 29) Wertschätzung und Wertgröße sind wiederum abhängig vom

Grund der Begehrung des Subjekts. Etwas, das das Subjekt begehrt und wozu es »Hemmnisse« allererst zu überwinden hat, erscheint ihm wertvoll. Mit einer pointierten Formulierung Simmels: »[...] wie die Welt des Seins meine Vorstellung ist, so ist die Welt des Wertes meine Begehrung.« (GA 6, 38 f.) Einschränkend fügt er jedoch hinzu, dass von Wertsetzung erst dort die Rede sein könne, wo das Begehrtwerden seine Triebhaftigkeit eingebüßt habe (vgl. GA 6, 43).

Vom Wert zum Tausch gelangt Simmel dadurch, dass er das gesamte Wirtschaften auf Tauschbeziehungen gründet. Die Produktion spielt für ihn nur eine untergeordnete Rolle. »Wert und Tausch ›bedingen sich wechselseitig‹ und die Wirtschaft selbst stellt einen ›Spezialfall der allgemeinen Lebensform des Tausches‹ dar, da ›der Tausch die Quelle ökonomischer Werte ist‹.«[62] Das Wertmaß und mithin das Medium, in dem Tauschakte vollzogen werden, ist für Simmel das Geld. Denn im Geld »hat der Wert der Dinge, als ihre wirtschaftliche Wechselwirkung verstanden, seinen reinsten Ausdruck und Gipfel gefunden« (GA 6, 121). Weiter: »Wenn nun der wirtschaftliche Wert der Objekte in dem gegenseitigen Verhältnis besteht, das sie, als tauschbare, eingehen, so ist das Geld also der zur Selbständigkeit gelangte Ausdruck dieses Verhältnisses; es ist die Darstellung des abstrakten Vermögenswertes, indem aus dem wirtschaftlichen Verhältnis, d.h. der Tauschbarkeit der Gegenstände, die Tatsache dieses Verhältnisses herausdifferenziert wird und jenen Gegenständen gegenüber eine begriffliche – und ihrerseits an ein sichtbares Symbol geknüpfte – Existenz gewinnt.« (GA 6, 122)

Während für Simmel alle tauschbaren Dinge wertvoll sind und deshalb – in neukantianischer Terminologie – »gelten«, hat das Geld selbst seinen Inhalt lediglich davon, »daß es gilt, es ist das zur Substanz erstarrte Gelten, das Gelten der Dinge ohne die Dinge selbst« (GA 6, 124). Das Geld als bloße Geltungsform.

An späterer Stelle, im zweiten Kapitel »Der Substanzwert des Geldes«, kann deshalb Simmel davon sprechen, dass das Geld an sich kein wertvoller Gegenstand ist, »sondern es erschöpft seinen Sinn darin, das Wertverhältnis eben dieser anderen Objekte zu einander auszudrücken [...]« (GA 6, 164). Oder mit anderen Worten: »Den Wert, den das Geld als solches besitzt, hat es als Tauschwert erworben; wo es also nichts zu tauschen gilt, hat es auch keinen Wert.« (GA 6, 179)

Die Einschätzung des jungen Marx von der Hegel'schen Philosophie mag auch für Simmel in Anschlag gebracht werden, nämlich dass diese zwar auf dem Standpunkt der modernen Nationalökonomie und nationalökonomischer Fakten stehe, ohne zugleich aber nach der Genese dieser Fakten zu fragen. Tatsächlich geht auch Simmel von der modernen kapitalistischen Gesellschaft und ihren Tauschbeziehungen aus. Er akzeptiert sie als *factum brutum*, als perennierende Gegenwart gleichsam, ohne überhaupt nach der Entstehung des Kapitalismus bzw. der modernen Geldwirtschaft zu fragen. Hierin liegt die Irritation, ja – für manche Interpreten – das Skandalon der *Philosophie des Geldes*. Zwar gibt Simmel an einer Stelle den vagen Hinweis darauf, dass die Gesellschaft, die er im Blick hat, die des ausgehenden 19. Jahrhunderts ist; völlig desinteressiert zeigt er sich dagegen daran, den historischen Nachweis – Gründe, Abhängigkeiten, Entwicklungen – für die in der Gegenwart sich zuspitzenden Konflikte zu führen. Lapidar spricht er so vom »Übergewicht, das die objektive über die subjektive Kultur im 19. Jahrhundert gewonnen hat«, und fasst diese objektive Kultur im »Schatz der Sachkultur« zusammen: »Täglich und von allen Seiten her wird der Schatz der Sachkultur vermehrt, aber nur wie aus weiter Entfernung ihr folgend und in einer nur wenig zu steigernden Beschleunigung kann der individuelle Geist die Formen und Inhalte seiner Bildung erweitern.« (GA 6, 621 f.)

Worauf Simmels Interesse vielmehr zielt, ist die Phänomenologie alltäglicher Erscheinungen, die Beschreibung der Wirkungen der Geldwirtschaft auf das alltägliche Verhalten und Leben – »auf das Lebensgefühl der Individuen, auf die Verkettung ihrer Schicksale, auf die objektive Kultur«, wie Simmel schon in der Vorrede verlauten ließ. Dabei findet die Simmel'sche Verfahrensweise ihr Vorbild und Ideal in der Kunst, deren Größe darin besteht, inwiefern es ihr gelingt, im Detail und Ausschnitt, am Einzelnen das Allgemeine und Ganze aufzuzeigen. Marxistische Ästhetiker haben später, Simmels Gedanken ins Systematische wendend, von der Kategorie »Besonderheit« gesprochen. In dem Essay »Soziologische Ästhetik« (1896) bemerkt Simmel dazu: »Das Wesen der ästhetischen Betrachtung und Darstellung liegt für uns darin, daß in dem Einzelnen der Typus, in dem Zufälligen das Gesetz, in dem Äußerlichen und Flüchtigen das Wesen und die Bedeutung der Dinge hervortreten. Dieser Reduktion auf Das, was an ihr bedeutsam und ewig ist, scheint keine Erscheinung sich entziehen zu können. Auch das Niedrigste, an sich Häßlichste, läßt sich in einen Zusammenhang der Farben und Formen, der Gefühle und Erlebnisse einstellen, der ihm reizvolle Bedeutsamkeit verleiht [...].« (Simmel 1896, 206; GA 5, 198) David Frisby, dessen Interpretationen um Simmel als den Theoretiker der Moderne kreisen, hat deshalb den plausiblen Vorschlag gemacht, Simmels soziologische Theorie auf eine ästhetische Perspektive zu gründen. Akzeptiert man dies, »dann ist der Grund für die Wahl des sozialen Fragments als Ausgangspunkt ganz offensichtlich, denn der zufällige Bruchstein ist nun kein Fragment mehr: in dem Einzigartigem ist das ›Typische‹ enthalten, das flüchtige Element enthält das ›Wesentliche‹. Es existiert keine ontologische Rangordnung dieser Fragmente, die dem Beobachter die Aussage erlauben würde, daß eines bedeutsamer sei als das andere. Jedes Fragment, jede gesellschaftliche Momentaufnahme schließt in sich die Möglichkeit ein, den ›ganzen Sinn des Weltganzen‹ zu enthüllen.«[63] Die Plausibilität des Frisby'schen Arguments besteht nicht zuletzt darin, dass man mit ihm dasjenige, was leichthin Simmels Okkasionalismus bzw. soziologischer Impressionismus genannt worden ist, auf eine einheitliche Perspektive beziehen kann.

Erklärbar wird dadurch auch, dass das letzte Kapitel, »Der Stil des Lebens«, Höhepunkt, Zusammenfassung und Abschluss der *Philosophie des Geldes* ist, weil hier Simmel Disparates und Entlegenes als Bruchstücke und Fragmente einer Totalität diskutiert, deren Symbol das Geld ist. Die Gesellschaft ist – so wissen wir seit Simmels *Über sociale Differenzierung* – das Resultat und die Summe der Wechselwirkungen ihrer Teile. Fortschritt entsteht durch fortgesetzte Differenzierung, die den Austausch und damit den Tausch zwischen den Mitgliedern erfordert. Am Ende der Kette schließlich, dessen, was man Geschichte und ihren Progress nennt, steht die voll ausgebildete Tauschgesellschaft, in der alles mit allem getauscht werden kann, weil alles zur Ware geworden ist: das einzelne Ding wie der einzelne Arbeiter. Das Geld ist zum Maß aller Dinge geworden, nivelliert alles und prägt allem seinen Stempel auf. Nicht mehr wie bei Marx die Ökonomie, sondern deren Mittel, das Geld, ist bei Simmel (und im Alltagsbewusstsein) zur unsichtbaren Hand geworden. Gesellschaft regrediert damit wieder zur Natur; kulturelle Abläufe scheinen naturgesetzliche Verlaufsformen anzunehmen – geplant allerdings von einem einheitlichen Vermögen, dem menschlichen Verstand. »Indem nun aber das Geld selbst überall und zu allem Mittel ist, werden dadurch die Inhalte des Daseins in einen ungeheuren teleologischen Zusammenhang eingestellt, in dem keiner der erste und keiner der letzte ist. Und da das Geld alle Dinge mit unbarmherziger Objektivität mißt und ihr Wertmaß, das sich so herausstellt, ihre Verbindungen bestimmt – so ergibt sich ein Gewebe sachlicher und persönlicher Lebensinhalte, das sich an ununterbrochener Verknüpftheit und strenger Kausalität dem naturgesetzlichen Kosmos nähert und von dem alles durchflutenden Geldwert so zusammengehalten wird, wie die Natur von der alles belebenden Energie, die sich ebenso wie jener in tausend Formen kleidet, aber durch die Gleichmäßigkeit ihres eigentlichen Wesens und die Rückverwandelbarkeit jeder ihrer Umsetzungen jedes mit jedem in Verbindung setzt und jedes zur Bedingung eines jeden macht.« (GA 6, 593f.)

Klingen hier nicht bereits Kernaussagen der *Dialektik der Aufklärung* an? Bekanntlich haben Adorno und Horkheimer die »Dialektik der Aufklärung« als Prozess des Rückfalls in die Barbarei gedeutet. Aufklärung sei »totalitär«[64], ein »Triumph des Tatsachensinns«[65], der sich mittels Arbeit zum Herrscher über die Natur aufwerfe. Doch schlage diese »Weltherrschaft über die Natur« schließlich »gegen das denkende Subjekt selbst« zurück, »nichts wird von ihm übriggelassen, als eben jenes ewig gleiche Ich denke, das alle meine Vorstellungen muß begleiten können«[66]. Damit aber kehre die Aufklärung dorthin wieder zurück, wovon sie ihren Ausgang genommen habe: in die Mythologie. Denn die Ansicht von der Welt als einem »gigantische[n] analytische[n] Urteil« sei – so Horkheimer/Adorno – »vom gleichen Schlage wie der kosmische Mythos«[67]. Abzüglich der materialistischen Tinktur, in der Horkheimer und Adorno die Transformation der neuzeitlichen Rationalität zur halbierten »Zweckrationalität« (Max Weber) beschreiben, bleibt ein Argumentationszusammenhang übrig, den schon Simmel skizziert hat. Denn auch sein »Stilbild der Gegenwart« fügt die Geldwirtschaft, die kapitalistische Warenproduktion, mit der Rationalität als deren ideologischem Revers zusammen. »Die geistigen Funktionen, mit deren Hilfe sich die Neuzeit der Welt gegenüber abfindet und ihre inneren – individuellen und sozialen – Beziehungen regelt, kann man großenteils als *rechnende* bezeichnen. Ihr Erkenntnisideal ist, die Welt als ein großes Rechenexempel zu begreifen, die Vorgänge und qualitativen Bestimmtheiten der Dinge in einem System von Zahlen aufzufangen, und Kant glaubt in der Naturlehre nur soviel eigentliche Wissenschaft zu finden, wie in ihr Mathematik angewandt werden kann.« (GA 6, 612f.)

Die Welt als gigantisches Rechenexempel der kalkulierenden (Zweck-)Rationalität wird gemessen und gewertet im Geld, wie die Zeit mit der Uhr. Kein Wunder, dass Geld und Zeit, zumindest seit diese gemessen werden kann, so eng zusammengehören. Alltagssoziologen haben wieder nachdrücklich auf dieses Verhältnis hingewiesen, ein Verhältnis, das aber schon Simmel klar ausgesprochen hat: »Durch das rechnerische Wesen des Geldes ist in das Verhältnis der Lebenselemente eine Präzision, eine Sicherheit in der Bestimmung von Gleichheiten und Ungleichheiten, eine Unzweideutigkeit in Verabredungen und Ausmachungen gekommen – wie sie auf äußerlichem Gebiet durch die allgemeine Verbreitung der Taschenuhren bewirkt wird. Die Bestimmung der abstrakten Zeit durch die Uhren wie die des abstrakten Wertes durch das Geld geben ein Schema feinster und sicherster Einteilungen und Messungen, das die Inhalte des Lebens in sich aufnehmend, diesen wenigstens für die praktisch äußerliche Behandlung eine sonst unerreichbare Durchsichtigkeit und Berechenbarkeit verleiht.« (GA 6, 615)

Geld und Verstand, Wertmittel und Maß – wie hängen sie zusammen? Vordergründig sind beide charakterlos, weil sie »die gefühlsmäßigen Betonungen und Entscheidungen mehr und mehr aus[scheiden]« (GA 6, 594). Aber das erklärt zunächst noch wenig. Verstehen kann man ihren Zusammenhang erst im Licht von Simmels kulturtheoretischen Äußerungen, die – in der *Philosophie des Geldes* grundgelegt – dann zur Signatur des Spätwerks werden. Es ist Simmels seit den 1890er Jahren stets gleichbleibende

Meinung, dass die Menschheitsgeschichte als fortgesetzter Prozess von Kultivierungsleistungen begriffen werden muss. »Indem wir die Dinge kultivieren, d. h. ihr Wertmaß über das durch ihren natürlichen Mechanismus uns geleistete hinaus steigern, kultivieren wir uns selbst: es ist der gleiche von uns ausgehende und in uns zurückkehrende Werterhöhungsprozeß, der die Natur außer uns oder die Natur in uns ergreift.« (GA 6, 618) Hierin spiegelt sich – kryptisch freilich – ein Hegel-Marx'sches Paradigma. Denn auch Simmel spricht, ohne auf die Arbeit als das materielle Substrat näher einzugehen, von Objektivierung und Entäußerung. Dadurch, dass sich die Menschheit in den Dingen entäußert, indem sie diese bearbeitet, schafft sie die Kultur, dasjenige, was Simmel in Anlehnung an Hegel und sicherlich auch mit Bezug auf Wilhelm Dilthey die Region des objektiven Geistes genannt hat. »Mit der Vergegenständlichung des Geistes ist die Form gewonnen, die ein Konservieren und Aufhäufen der Bewußtseinsarbeit gestaltet; sie ist die bedeutsamste und folgenreichste unter den historischen Kategorien der Menschheit. Denn sie macht zur geschichtlichen Tatsache, was als biologische so zweifelhaft ist: die Vererbung des Erworbenen. Wenn man es als den Vorzug des Menschen den Tieren gegenüber bezeichnet hat, daß er Erbe und nicht bloß Nachkomme wäre, so ist die Vergegenständlichung des Geistes in Worten und Werken, Organisationen und Traditionen der Träger dieser Unterscheidung, die dem Menschen erst seine Welt, ja: eine Welt schenkt.« (GA 6, 627) Die Vergegenständlichung des Geistes, die Region des objektiven Geistes reicht – in den Worten Diltheys, die wohl auch auf Simmel zutreffen – »von dem Stil des Lebens, den Formen des Verkehrs zum Zusammenhang der Zwecke, den die Gesellschaft sich gebildet hat, zu Sitte, Recht, Staat, Religion, Kunst, Wissenschaft und Philosophie«[68].

Der Weg zur Kultur ist mithin einer von der Vergegenständlichung und damit Entäußerung zur Objektivation oder auch zur Versachlichung. In der Dynamik dieses Prozesses liegt zugleich auch seine Tragik, wie Simmel im Spätwerk dann genauer ausführen wird: Die Objektivierungsleistungen des Menschen nämlich schaffen einen Bereich, der, einmal geschaffen, ein von den Subjekten unbeeinflussbares Eigenleben gewinnt. In dem Essay »Der Begriff und die Tragödie der Kultur« (1911/12) notiert Simmel dazu: »Sobald unser Werk dasteht, hat es nicht nur eine objektive Existenz und ein Eigenleben, die sich von uns gelöst haben, sondern es enthält in diesem Selbstsein – wie von Gnaden des objektiven Geistes Stärken und Schwächen, Bestandteile und Bedeutsamkeiten, an denen wir ganz unschuldig sind und von denen wir selbst oft überrascht werden.« (zit. nach Simmel 1919, 245; GA 14, 407) Tragisch ist dieser Prozess vor allem deshalb, weil die Kultur, obwohl überlebensnotwendig für die Menschheit, mit fortschreitender Entwicklung den Menschen als fremde Macht gegenübertritt. »Denn als ein tragisches Verhängnis – im Unterschied gegen ein trauriges oder von außen her zerstörendes – bezeichnen wir doch wohl dies: daß die gegen ein Wesen gerichteten vernichtenden Kräfte aus den tiefsten Schichten eben dieses Wesens selbst entspringen: daß sich mit seiner Zerstörung ein Schicksal vollzieht, das in ihm selbst angelegt und sozusagen die logische Entwicklung eben der Struktur ist, mit der das Wesen seine eigene Positivität aufgebaut hat. Es ist der Begriff aller Kultur, daß der Geist ein selbständig Objektives schaffe, durch das hin die Entwicklung des Subjektes von sich selbst zu sich selbst ihren Weg nehme; aber eben damit ist jenes integrierende, kulturbedingende Element zu einer Eigenentwicklung prädeterminiert, die noch immer Kräfte der Subjekte verbraucht, noch immer Subjekte in ihre Bahn reißt, ohne doch diese damit zu der Höhe ihrer selbst zu führen: die Entwicklung der Subjekte kann jetzt nicht mehr den Weg gehen, den die der Objekte nimmt; diesem letzteren dennoch folgend, verläuft sie sich in einer Sackgasse oder in einer Entleertheit von innerstem und eigenstem Leben.« (Simmel 1919, 249; GA 14, 411)

Als Beispiele für diesen Entfremdungsprozess nennt Simmel die fortgeschrittene Arbeitsteilung, den Fetischcharakter der Ware (!) und die Entwicklung der modernen Technik – Beispiele, die auch in der *Philosophie des Geldes* diskutiert werden. So ist die Arbeit für den einzelnen Arbeiter etwas Objektives, nichtsdestoweniger aber Fremdes geworden, »etwas, das er nicht nur nicht mehr ist, sondern eigentlich auch nicht mehr *hat*« (GA 6, 632). Der Warenfetischismus zwingt dem Käufer seine ihm eigene Logik auf, die Logik der Objekte, »mit selbständiger Bestimmtheit und Bewegung« (632); der moderne Militarismus drängt auf die ständige Perfektionierung des Militärwesens, um einzig das zu verhindern, wozu es doch gerade da ist (vgl. 669); schließlich steht die Entwickeltheit moderner Technik in keinem Verhältnis mehr zu dem, was mit ihr geleistet werden soll (670). Auf den Punkt gebracht, zeigen alle Beispiele das »Übergewicht der Mittel über die Zwecke« an (vgl. 672). Die Logik der Sachen, eine pervertierte Zweckrationalität, hat rein endogen teleologische Reihen in Gang gesetzt, die völlig abgekoppelt sind von der tatsächlichen Bedeutung dieser Dinge. Dadurch entsteht dann auch »das diskrepante Verhältnis der objektiven und der subjektiven Kultur« (622), die Schere zwischen der Zweckrationalität (als derjenigen des objektivierten Geistes) und dem Subjekt. Eine Synchronie ist, wenn überhaupt, dann nur noch um den Preis der Entfremdung möglich, als Akzeptanz der »Äußerlichkeiten« des modernen Lebens (vgl. 638) und als Zustimmung zu den »tausend Gewöhnungen, tausend Zerstreuungen, tausend Bedürfnisse[n] äußerlicher Art« (674). Verloren gegangen ist dabei freilich »die geistige Zentripetalität des Lebens« (674).

Wie gesagt, Erklärungen über die historische Genese der modernen Kultur und der Geldwirtschaft gibt Simmel nicht ab. Er bleibt bei der Phänomenologie der Erscheinungen stehen, bei Fragmenten, Detailaufnahmen und Momenten, wie sie dem Alltagsbewusstsein erscheinen. Auch will er dieses Alltagsbewusstsein nicht mehr, worin noch Hegel eine vornehmliche Aufgabe der Philosophie gesehen hatte, über sich selbst aufklären und den Verstand damit zur Vernunft bringen. Vielmehr hält Simmel an der Registratur sozialer Tatsachen fest, die sich jedoch ebenso zwanglos wie zwangsläufig zu einer zentralen Erfahrung bündeln lassen: der Entfremdung. Doch ist auch diese an sich kein spezifisch modernes Phänomen, sondern erscheint nur in der Moderne in besonderer Komplexion. »Solcher Betonung der Mittelinstanzen des Lebens, gegenüber seinem zentralen und definitiven Sinne, wüßte ich übrigens keine Zeit, der dies ganz fremd gewesen wäre, entgegenzustellen. Vielmehr, da der Mensch ganz auf die Kategorie von Zweck und Mittel gestellt ist, so ist es wohl sein dauerndes Verhängnis, sich in einem Widerstreit der Ansprüche zu bewegen, die der Zweck unmittelbar, und die die Mittel stellen [...].« (GA 6, 674) Dadurch wird die Krise der Moderne schließlich, weil ihre historische Genese im Dunklen bleibt, stationär: Sie wird zum »stählernen Gehäuse« (Max Weber). Programme dagegen und Perspektiven, wie sie etwa der Sozialismus entworfen hat, sind nicht mehr Simmels Sache; sie erscheinen ihm vielmehr als dezisionistisch und voluntaristisch.[69]

Was bleibt, ist der genaue Beobachterblick des Soziologen, dessen »Flanerie« auf Beliebiges stößt, jedoch nicht, um der Beliebigkeit als Selbstzweck zu frönen, sondern um im Akt der Beschreibung das Allgemeine darin aufscheinen zu lassen. Simmels Ideal besteht in dem, was er mit der Kategorie der »Vornehmheit« umschrieben hat. Und auch hier schwingt wiederum die ästhetische Konnotation mit. Vornehm nämlich ist derjenige

Mensch, der nicht nur auf sich selbst, seine Persönlichkeit, sieht, sondern der gleichzeitig Distanz zu den Dingen und zu seiner Umwelt hält. Er ist der distanzierte Beobachter, ähnlich dem ästhetisch-kontemplativen Betrachter, den bereits Schopenhauer im ästhetischen Teil seiner *Welt als Wille und Vorstellung* gefordert hatte: der interesselose und desengagierte Beobachter, der sich im Akt der Versenkung in den Gegenstand zum »reine[n], willenlose[n], schmerzlose[n], zeitlose[n] *Subjekt der Erkenntniß*« aufschwingt.[70]

Wenn auch Simmel nicht die pessimistische Konsequenz der Schopenhauer'schen Philosophie, die völlige Abkehr vom Leben, teilt, so schließt er sich doch wesentlichen Überlegungen von Schopenhauers ästhetischer Theorie an. Und was er wenige Jahre nach der *Philosophie des Geldes* im gedruckten Vorlesungszyklus über *Schopenhauer und Nietzsche* (1907) zusammenfassend über Schopenhauers Ästhetik gesagt hat, lässt sich mühelos in die *Philosophie des Geldes* rückübersetzen und dort auf den Soziologen beziehen: »Die ästhetische Erlösung vom Sein, d.h. vom Leiden, die die Kunst vollbringt, kann ihrer Natur nach nur für die Augenblicke der ästhetischen Erhebung gelten; während sie geschieht, bleibt das Sein und das Leiden im Grunde unseres Wesens bestehen und der Intellekt, der sich von dieser Wurzel seiner selbst losgerissen hat, aber nicht dauernd in der Gelöstheit von ihr bestehen kann, fällt unvermeidlich in seinen Frondienst zurück, den er dem Willen zu leisten hat. In den Momenten des ästhetischen Genießens gleichen wir dem Sklaven, der seine Kette vergißt, oder dem Kämpfer, der seinen übermächtigen Gegner freilich nicht mehr vor Augen hat, aber nicht weil er ihn vernichtet hätte, sondern weil er vor ihm geflohen ist: im nächsten Augenblick wird er von ihm wieder eingeholt.« (Simmel 1907, 148 f.; GA 10, 307) Der Soziologe ist der Typus des vornehmen Menschen, der sich von den Dingen distanziert, sie aus gesicherter Distanz wahrnimmt und sich im Akt des Beschreibens von ihnen – zumindest momenthaft – befreit, wobei er ständig Gefahr läuft, wieder von ihnen eingeholt zu werden.

Ganz allgemein heißt es in der *Philosophie des Geldes* zum »Persönlichkeitsideal« der Vornehmheit: »Diese Kategorie zeigt ihre Selbständigkeit darin, daß sie sich den sonst verschiedenartigsten und verschiedenwertigsten Erscheinungen gegenüber einstellt: Gesinnungen wie Kunstwerke, Abstammung wie literarischen Stil, einen bestimmt ausgebildeten Geschmack ebenso wie die ihm zusagenden Gegenstände, ein Benehmen auf der Höhe gesellschaftlicher Kultur wie ein Tier edler Rasse – alles dies können wir als ›vornehm‹ bezeichnen: und wenn auch gewisse Beziehungen dieses Wertes zu denen der Sittlichkeit und der Schönheit stattfinden, so bleibt er doch immer auf sich ruhen, da der gleiche Grad seiner mit den allermannigfaltigsten ethischen und ästhetischen Stufen vereint auftritt. Der soziale Sinn der Vornehmheit: die exzeptionelle Stellung gegenüber einer Majorität, der Abschluß der Einzelerscheinung in ihrem autonomen Bezirk, der durch das Eindringen irgend eines heterogenen Elementes sofort zerstört wäre – gibt offenbar den Typus für alle Anwendungen ihres Begriffs.« (GA 6, 535) (Wir erinnern uns an Simmels Sammelleidenschaft, seine Vorliebe für kostbare Teppiche und japanische Keramiken!) »Der vornehme Mensch ist der ganz Persönliche, der seine Persönlichkeit doch ganz reserviert. Die Vornehmheit repräsentiert eine ganz eigenartige Kombination von Unterschiedsgefühlen, die auf Vergleichung beruhen, und stolzem Ablehnen jeder Vergleichung überhaupt.« (535) Damit rückt dann der Vornehme zum genauen Gegenbild der Geldwirtschaft und des Durchschnittsmenschen auf. Er ist nicht nur das Persönlichkeitsideal Simmels, sondern zugleich auch Ideal des »methodischen Subjekts«, des Soziologen. »Das Geldwesen«, so heißt es an einer Stelle der *Philosophie des Geldes* über den Zusammenhang von Geld und Vornehmheit, »zerstört am gründlichsten jenes Aufsichhalten, das die vornehme Persönlichkeit charakterisiert und das von gewissen Objekten und ihrem Gewertetwerden aufgenommen wird: es drängt den Dingen einen außer ihrer selbst liegenden Maßstab auf, wie gerade die Vornehmheit ihn ablehnt; indem es die Dinge in eine Reihe, in der bloß Quantitätsunterschiede gelten, einstellt, raubt es ihnen einerseits die absolute Differenz und Distanz des einen vom andern, andererseits das Recht, jedes Verhältnis überhaupt, jede Qualifikation durch die wie auch ausfallende Vergleichung mit anderen abzulehnen – also die beiden Bestimmungen, deren Vereinigung das eigentümliche Ideal der Vornehmheit schafft.« (GA 6, 541) Später rühmt Simmel ausdrücklich das Verdienst Nietzsches, »die Eigenart dieses Ideals [...] zuerst gelehrt zu haben« (Simmel 1907, 260; vgl. auch Simmel 1897b, Sp. 1648 f.; GA 10, 405; GA 1, 403 f.). Das Wesen der Vornehmheit, worin Simmel den »Ausschluß der Majorität, die Geschlossenheit des Wesens gegenüber allem ›Sich-gemein-machen‹, die Ablehnung aller Vergleichung« erblickt (Simmel 1907, 260; GA 10, 405), ist ein beständiger Einspruch gegen die nivellierenden Tendenzen in der modernen Kultur und Geldwirtschaft. Nicht der Sozialismus, sondern die vornehme Persönlichkeit ist die Alternative.

Für Simmels Rezensenten Karl Joël entwirft die *Philosophie des Geldes* ein »Gesamtbild moderner Kultur unter dem Zeichen des Geldes«. Das trifft auch Simmels eigenen Anspruch, aus disparaten Erscheinungen ein »Gesamtbild« zusammenzusetzen, »in dem der Kulturinhalt immer mehr und immer gewußter objektiver Geist wird, gegenüber nicht nur denen, die ihn aufnehmen, sondern auch denen, die ihn produzieren. In dem Maß, in dem diese Objektivation vorschreitet, wird die wunderliche Erscheinung begreiflicher, von der wir ausgingen: daß die kulturelle Steigerung der Individuen hinter der der Dinge – greifbarer wie funktioneller wie geistiger – merkbar zurückbleiben kann.« (GA 6, 643) Der Wert ist für Simmel das Produkt eines subjektiven Akts, der subjektiven Wertschätzung. Mit steigender Komplexität der Gesellschaft und wachsender Differenzierung wird dann der Tausch zur sozialen Tatsache. Und um dafür schließlich ein Wertmaß zu haben, das über die Beschränktheit des Naturalientausches hinausführt, ist das Geld notwendig. Denn im »Geld schafft sich das Bewußtsein ein Maß für das relative Gewicht der Urteile. Insofern ist Geld Paradigma der Kultur. In ihm treffen die Welt der Werte und die konkreten Dinge aufeinander.«[71] Ja, mehr noch, das Geld ist »die Spinne, die das gesellschaftliche Netz webt«[72]. Es ist – in den Worten Simmels – »ebenso Symbol wie Ursache der Vergleichgültigung und Veräußerlichung« (GA 6, 653). Dies zumindest auf der Erscheinungsebene. Darunter aber – und das ist die Crux der menschlichen Kultur und des kulturellen Fortschritts – liegen die konsumtiven Bedürfnisse des Menschen, die nur durch den Tausch befriedigt werden können. Indem nun aber alles mit jedem getauscht werden kann, weil es seinen Ausdruck in einem identischen Wertmaß erhält, findet gleichzeitig eine Nivellierung statt, die keine (qualitativen) Unterschiede mehr zulässt. Der Sieg des Geldes ist einer der Quantität über die Qualität, des Mittels über den Zweck. Etwas ist nun wertvoll, weil und insofern dafür ein gehöriges Maß des Mittels Geld aufgebracht werden muss; wertlos dagegen, was sich nicht in klingende Münze umsetzen lässt. Damit findet eine Verkehrung statt. Am Ende diktiert das Geld unsere Bedürfnisse, überformt sie, wie insgesamt die Region des objektiven Geistes, die doch eigentlich nur einen Mittelcharakter und eine Entlastungsfunktion darstellen soll, uns kontrolliert. Das Geld ist nur das sichtbare, äußerliche Zeichen dieses Prozesses. Hier kommt schließlich auch wieder Marx' Deutung des Fetischismus zur Geltung, wenn wir diesen mit Simmel nicht nur auf die Warenwelt beschränken, sondern vielmehr auf alle menschlichen Objektivationen, auf die Produkte des objektiven Geistes ausdehnen, der – in marxistischer Terminologie – die ökonomische Basis ebenso wie die ideologischen Formen und Mächte umschließt: »Ihre eigene gesellschaftliche Bewegung«, sagt Marx, »besitzt für sie [die Menschen, W. J.] die Form einer Bewegung von Sachen, unter deren Kontrolle sie stehen, statt sie zu kontrollieren.«[73] Und: »Sie wissen das nicht, aber sie tun es.«[74]

6. Individuum, Gesellschaft und Geselligkeit

1908 erscheint in erster Auflage die *Soziologie*, zu einem Zeitpunkt, da sich Simmels Aufmerksamkeit bereits mehr und mehr in Richtung auf kulturphilosophische Fragestellungen verschoben hat. Doch muss man in der *Soziologie* nicht so sehr ein eigenständiges Werk als vielmehr die Zusammenfassung und Bündelung von Simmels verstreuten soziologischen Aufsätzen und Essays sehen, von Arbeiten, die bis in die 1890er Jahre, ja bis zu *Über sociale Differenzierung* zurückreichen. »Wer Simmels Beitrag zur Soziologie realistisch abschätzen will, muß zuerst bedenken, daß sein Hauptwerk, die ›Soziologie‹ von 1908, eine Sammlung von Aufsätzen zum Umkreis des Gegenstandes, erst erschien, nachdem die soziologische Arbeit bereits weit hinter ihm lag und er endgültig zu philosophischen und ästhetischen Fragen übergegangen war. Die soziologische Periode, angekündigt durch die Thematik einiger Aufsätze aus den 80er Jahren, beginnt mit der Arbeit ›Über sociale Differenzierung‹ (1890) und erreicht in der ›Philosophie des Geldes‹ (1900) ihren eigentlichen Höhepunkt und Abschluß. Dazwischen liegt eine Vielzahl von Aufsätzen, die in veränderten und erweiterten Fassungen, in der Ursprache oder Übersetzung, verbessert, ineinandergeschoben, bearbeitet und endlich in der Sammlung ›Soziologie‹ vorgelegt werden.«[75] Das gilt ebenso für das sechste und das zehnte Kapitel, »Die Kreuzung socialer Kreise« und »Die Erweiterung der Gruppen ...«, die auf *Über sociale Differenzierung* zurückgehen, wie für das achte Kapitel, »Die Selbsterhaltung der Gruppe«, dem im Kern ein Aufsatz von 1898 zugrunde liegt, und auch die verschiedenen Exkurse, die bereits zuvor in Zeitungen und Zeitschriften veröffentlicht worden sind.

Durchaus zwiespältig ist die Reaktion der zeitgenössischen Kritik ausgefallen. Während die einen, Vierkandt und von Wiese, Simmel zum Begründer einer formalen Soziologie erklärt und in diesem Sinne an ihn angeknüpft haben, kritisieren andere, Durkheim und Koigen etwa, Simmels »Hang zum Systemlosen«.[76] Tönnies dagegen nimmt angesichts der Simmel'schen Soziologie seine frühere Wertung von *Über sociale Differenzierung* (»etwas Unsicheres und wohl auch Unfertiges«) wieder zurück. »Diese Kritik«, heißt es in einem Nachruf aus der *Frankfurter Zeitung* vom 9. Okober 1918, »würde ich nicht wagen, auch auf die späteren soziologischen Schriften anzuwenden. Vielmehr scheint es, als ob diese Unfertigkeit hier eine besondere Kunst geworden sei, die sich im Andeuten, im Schattieren, im Halbdunkel und in gleichsam magischen Lichtwirkungen ergeht.« Freilich zeigt Tönnies' Wortwahl (»scheint es, als ob«) – auch wenn sich sein Nekrolog insgesamt so wohlwollend gibt, wie es der Gattung ansteht – doch das Maß an Irritation, ja Unverständnis, das Simmel unter Soziologen hervorrief. Mag man auch Simmel heute zu Recht für einen soziologischen Klassiker halten, so ist dennoch – auch und gerade mit Bezug auf die zeitgenössischen Rezipienten – die Einschätzung zutreffend, dass Simmels Soziologie vor allem »ein fast unerschöpflicher Topf von Thesen ist, der für jeden eine fruchtbare Anregung enthält«[77]. Wir erinnern uns an Georg Lukács' Nachruf, in dem von Simmel in erster Linie als »Anreger« die Rede war. Nicht mehr, aber auch nicht weniger.

Dazu drei kurze Beispiele. Der im Übrigen wenig bekannte Norbert Einstein publiziert 1918 ein schmales Bändchen mit

Aufsätzen unter dem Titel *Der Alltag*, worin hemmungslos die Simmel'sche Soziologie ausgeschrieben und kolportiert wird, wohlweislich unter deutlicher Zurückweisung der Simmel'schen Theorie, die Herrn Einstein als zu äußerlich erscheint. »Es kann ihm [Simmel, W. J.] nicht recht gegeben werden, wenn er glaubt, dass es schon zum tiefsten Wesen der Vergesellschaftung gehöre, wenn sich die Menschen die Hand geben, einander nach dem Wege fragen und sich ansehen.«[78] Das hindert Einstein jedoch nicht daran, selbst munter über Zigaretten, Dessous, Schokolade oder gar Schnakenstiche zu parlieren.

Siegfried Kracauer bemüht sich in seinem Buch *Soziologie als Wissenschaft* von 1922 darum, die Grundlagen einer phänomenologischen Soziologie zu entwickeln, die die seiner Meinung nach unfähigen idealistischen Systemansätze überwindet. Sein Versuch, der sich u. a. ausdrücklich auf Simmel, Weber und Troeltsch beruft, will »soziales Geschehen in seiner Notwendigkeit« verstehen[79], ohne dies – wie bei Simmel – auf die »Seelenwandlungen des Einzelmenschen«[80] zu verkürzen und ohne dabei auch auf den »unbefriedigenden« Begriff der Form[81] zurückzugreifen. Dennoch lässt sich Kracauer nicht nur die Richtung der Soziologie von Simmel vorgeben – zurück zur »konkreten Wirklichkeit des alltäglichen Lebens« –, sondern zugleich auch von dessen erkenntnistheoretischer Skepsis leiten: »Den Fluß des Werdens zu überschauen und zu bannen, ist diesem empirisch-soziologischen Verfahren natürlich versagt. Gleichsam von einzelnen [...] Punkten der Mannigfaltigkeit ausschwärmend, gelangt es auch immer nur zu einzelnen Punkten hin, niemals dehnt es sich über die Realität ihrem ganzen Umfang nach aus.«[82]

Alfred Schütz schließlich, der in seiner Dissertation von 1932, *Der sinnhafte Aufbau der sozialen Welt*, das phänomenologische Fundament einer verstehenden Soziologie legt, setzt sich zwar im Wesentlichen mit Max Weber auseinander, ohne dabei jedoch zu vergessen, auch des »unbestreitbar[en] Verdienst[es] Simmels« zu gedenken, nämlich der »Schaffung einer Formenlehre der menschlichen Gesellschaft«. Vor allem in »Einzelanalysen«, so Schütz, habe Simmel »vielfach Bleibendes und dauernd Wertvolles geschaffen«. »Simmels leitende Idee aber, alle materialen sozialen Phänomene auf die Verhaltensweisen Einzelner zurückzuführen und die besondere gesellschaftliche Form solcher individuellen Verhaltensweisen deskriptiv zu erfassen, hat fortgewirkt und sich als tragfähig erwiesen.«[83]

Simmel als Anreger und Stichwortgeber, seine Soziologie als Baukasten, aus dem man sich bedient durch Kolportage (Einstein), an den man kritisch anschließt (Kracauer) und den man am Ende dann aufhebt (Schütz). Fruchtbar aber in jedem Fall, sei es nun auf methodologischer Ebene, in materialer Hinsicht oder in Richtung auf eine Soziologie des Alltags.

Die Irritation der Simmel'schen Soziologie steckt bereits im Programm, in den methodischen Überlegungen des ersten Kapitels zum »Problem der Soziologie«. Denn bei Simmel ist nicht etwa die Rede von Gesellschaft und Individuum, Staat und Nation, sondern vielmehr von sozialen Gruppen und Kreisen. So untersucht er dann die »quantitative Bestimmtheit der Gruppe«, die »Kreuzung sozialer Kreise«, die »Selbsterhaltung der Gruppe«, die »Erweiterung der Gruppe und die Ausbildung der Individualität«. Hinzu kommen Reflexionen über »Über- und Unterordnung«, den »Streit« und den »Armen« sowie z. T. längere Exkurse, beispielsweise über den »Schmuck«, das »Erbamt«, »Treue und Dankbarkeit«, den »Fremden« oder den »Adel«. Wie schon in *Über sociale Differenzierung* ersetzt Simmel den Begriff Gesellschaft durch den der Vergesellschaftung. Und unter der »Materie der Vergesellschaftung« versteht er »alles das, was in den Individuen, den unmittelbar konkreten Orten aller historischen Wirklichkeit, als Trieb, Interesse, Zweck, Neigung, psychische Zuständlichkeit und Bewegung derart vorhanden ist, daß daraus oder daran die Wirkung auf andere und das Empfangen ihrer Wirkungen entsteht – [...].« (Simmel 1908, 6; GA 11, 18) Gemeint sind damit wieder die Wechselwirkungen, die sich zwischen Menschen als sozialen Akteuren abspielen. Gesellschaft besteht für Simmel schließlich aus nichts anderem als den sozialen Wechselwirkungen, einem dichten Netz und Geflecht vielfältigster Relationen und Abhängigkeiten. »Soll es also eine Wissenschaft geben, deren Gegenstand die Gesellschaft und nichts anderes ist, so kann sie nur diese Wechselwirkungen, diese Arten und Formen der Vergesellschaftung untersuchen wollen.« (Simmel 1908, 7; GA 11, 19) Gegenstände der Soziologie als Wissenschaft sind mithin die »abstrahierten Formen [...], die nicht sowohl die Vergesellschaftung *bewirken*, als vielmehr die Vergesellschaftung *sind*« (11; GA 11, 24). Und diese zeigen sich überall: »Daß die Menschen sich gegenseitig anblicken, und daß sie aufeinander eifersüchtig sind; daß sie sich Briefe schreiben oder miteinander zu Mittag essen; daß sie sich, ganz jenseits aller greifbaren Interessen, sympathisch oder antipathisch berühren; daß die Dankbarkeit der altruistischen Leistung eine unzerreißbar bindende Weiterwirkung bietet; daß einer den andern nach dem Weg fragt und daß sie sich füreinander anziehen und schmücken – all die tausend, von Person zu Person spielenden, momentanen oder andauernden, bewußten oder unbewußten, vorüberfliegenden oder folgenreichen Beziehungen, aus denen diese Beispiele ganz zufällig gewählt sind, knüpfen uns unaufhörlich zusammen.« (19; GA 11, 33)

Wenn sich auch die Simmel'sche *Soziologie*, deren einzelne Kapitel »der Methode nach« nur »Beispiele« und »dem Inhalt nach« nur »Fragmente« (vgl. Simmel 1908, 17, Fußnote; GA 11, 31) enthalten, strikt phänomenologisch nach den Gegenständen, den sozialen Wechselwirkungen, richtet, so sind jene doch als

Formen der Vergesellschaftung transzendentalphilosophisch begründet. Zu Recht hat man daher von der doppelten Bedeutung des Formbegriffs bei Simmel gesprochen. »›Form‹ bedeutet einerseits die reale Möglichkeit von bestimmtem Handeln als bestimmtem Inhalt einer potentiellen und aktuellen Beziehung von Handelnden innerhalb eines sozio-kulturellen Kontextes; andererseits bedeutet ›Form‹ diejenige Einheit der Bestimmungen, die die soziologische Erkenntnis produziert: als Resultat der Erkenntnis sind Formen die Typen sozial relevanter Wirklichkeit, die, unabtrennbar von der Analyse, die Erfahrung von Vergesellschaftung begrifflich begründen.«[84]

Simmels Begriff der Form stellt ein soziales Apriori dar, das die Bedingung der Möglichkeit sozialen Handelns allererst konstituiert und somit vor der Erfahrung liegt. Für sich allein freilich existiert die Form »nur in der Abstraktion« (Simmel 1908, 12; GA 11, 25). Für den Soziologen bedeutet dies, dass er die Form in den konkreten sozialen Handlungen aufzeigen und analysieren muss. Anders als in der Natur, die – entsprechend der kantischen Formel – von uns als einheitliche konstituiert wird, indem wir sie apperzipieren, wird dagegen »die gesellschaftliche Einheit von ihren Elementen, da sie bewußt und synthetisch aktiv sind, ohne weiteres realisiert« (Simmel 1908, 28; GA 11, 43). »Jener Satz Kants: Verbindung könne niemals in den Dingen liegen, da sie nur vom Subjekte zustande gebracht wird, gilt für die gesellschaftliche Verbindung nicht, die sich vielmehr tatsächlich in den ›Dingen‹ – welche hier die individuellen Seelen sind – unmittelbar vollzieht.« (28; GA 11, 43) Aufgabe des Soziologen ist es deshalb, das, was unmittelbar, spontan und unbewusst immer schon abläuft, zu Bewusstsein zu bringen. So formuliert Simmel schließlich als zentrales Anliegen seines Buches das Aufsuchen all jener Vorgänge, »die das Gesellschafts-Sein« der Individuen bedingen – »nicht als zeitlich vorangehende Ursache für dieses Resultat, sondern als Teilvorgänge der Synthese, die wir zusammenfassend die Gesellschaft nennen« (Simmel 1908, 30 f.; GA 11, 45 f.).

Die Gesellschaft ist für Simmel nur Produkt und Resultat, die Synthese aller Formen der Vergesellschaftung bzw. das Netz sozialer Wechselwirkungen. Und niemals ist von ihr selbst die Rede. Sie ist immer nur – in Hegel'scher Diktion – als Synthese vorausgesetzt, d.h. gesetzt als nicht gesetzt. Am Ende seiner *Soziologie* spricht Simmel auch einmal von der Gesellschaft als einer »spezielle[n] Aggregierungsform« (Simmel 1908, 775; GA 11, 863), die entsprechend den Quanten, Graden und Maßen sozialer Relationen so oder anders ausfallen kann. An anderer Stelle, kurz vorher, heißt es gar über Individuum und Gesellschaft, dass sie lediglich *»methodische Begriffe«* (772; GA 11, 860) seien. Was darunter zu verstehen ist, mag ein Hinweis auf den Essay »Vom Wesen des historischen Verstehens« (1918) verdeutlichen. Dort erwähnt Simmel »das methodische Subjekt«, worunter er ein »ideelle[s] Gebilde«, die Konstruktion eines Idealtypus begreift (vgl. Simmel 1984, 78; GA 16, 174). Parallel dazu kann man noch eine Stelle aus der *Soziologie* lesen, in der Simmel seinen Begriff von »Begriff« erläutert: »Keine Wissenschaft kann die Fülle der wirklichen Vorgänge im Dasein oder der an irgend einem Ding bestehenden qualitativen Bestimmungen erschöpfend beschreiben oder formulieren. Wenn wir uns deshalb der Begriffe bedienen, die jene Unübersehbarkeiten in sich verdichten und gleichsam handlich machen – so ist das nicht nur eine Vertretung des Ganzen durch einen ihm im wesentlichen gleichartigen Teil; sondern der Begriff hat eine andere innere Struktur, einen anderen erkenntnistheoretischen, psychologischen, metaphysischen Sinn, als das Ganze der ihm unterstehenden Dinge, er projiziert dieses Ganze auf eine neue Ebene, drückt das Extensive nicht nur mit einer geringen Extensität, sondern in einer prinzipiell anderen Form aus, deren Synthesen kein Miniaturbild jener unmittelbaren Totalitätserscheinungen, sondern autonome Gebilde aus dem Material dieser sind.« (Simmel 1908, 540; GA 11, 606 f.) Bezogen auf Individuum und Gesellschaft heißt das unmissverständlich: Sie sind bloße Konstruktionen des Soziologen. Es gibt keine irgendwie geartete Substanzialität.

Simmels Individualitätsbegriff ist deshalb zu Recht als eine »Subjektivität ohne Substanz« charakterisiert worden. »Subjektivität verweist auf ein sich selbst immer wieder neu deutendes Subjekt. Identität wird so erst zum Problem, verweist nicht auf einen festen Kern, eine fixe Identität im Individuum. Es ist keine Instanz jenseits einer relationalen Beziehung denkbar.«[85] Die Subjektivität des Individuums wäre als »individuelles Allgemeines« (Manfred Frank) zu bestimmen, dessen Besonderheit im »Schnittpunkt« (Simmel 1908, 420; GA 11, 474) sich kreuzender Kreise liegt. Sie besteht aus spezifischen Wechselwirkungen, in Relationen, die das Individuum als soziales Wesen – denn anders ist es nicht denkbar – eingehen muss. Seine Besonderheit ist die jeweils nur ihm eigene Synthese (vgl. Simmel 1908, 729; GA 11, 812 ff.) aus Einzelheit und Allgemeinheit. »Ein Individuum mag noch so sehr mit positiven Leistungen dem Gruppenleben inhärieren, noch so sehr seine persönlichen Lebensinhalte in dessen Kreislauf vertreten und aufgehen lassen: es steht doch dieser Gesamtheit zugleich *gegenüber*, gebend und empfangend, gut oder schlecht von ihr behandelt, ihr innerlich oder nur äußerlich verpflichtet, kurz als Partei oder als Objekt dem sozialen Kreise als einem Subjekt gegenüber, zu dem es doch durch eben dieselben, jene Verhältnisse begründenden Aktionen und Zustände als Glied, als Subjekt-Teil, gehört.« (485; GA 11, 546) In radikaler Zuspitzung des Simmel'schen Programms ließe sich sogar behaupten, dass das Individuum im eigentlichen ein »Divisum« ist, wie es Günther Anders einmal ausgedrückt hat. In Relationen stehend, ja nur aufgrund dieser beschreibbar, ist es selbst ein relationaler Begriff, wie auch die Gesellschaft. Denn jedes Individuum ist Mitglied einer Familie, Staatsbürger, Angehöriger von Verbänden, Vereinen und Parteien, zahlendes Beitragsmitglied der Allgemeinen Ortskrankenkasse. Es ist Freund, Feind, Kollege, erheischt Anerkennung, wirkt karitativ und handelt uneigennützig; es verlangt Achtung, Liebe und Aufmerksamkeit. Mit all dem aber drückt es Relationen zu anderen aus, denen es in Gestalt sozialer Rollen nachkommt. Außerhalb dieser Relationen bleibt zwar ein unbestimmter Rest, ohne diese ist es jedoch nichts.

Dasselbe gilt ohne jede Einschränkung auf makrosoziologischer Ebene auch für das numinose Wesen Gesellschaft, diese »Aggregierungsform«. Beschreibbar und analysierbar sind für Simmel nur soziale Wechselwirkungen und die sich in ihnen ausprägenden Relationen, denen er in seiner Phänomenologie des Alltäglichen nachspürt. Darüber oder daneben existiert nichts Gesondertes. Gesellschaft löst sich vielmehr in ein Netzwerk verschiedenartigster Relationen auf, ist als dieses Netzwerk – zumindest in asymptotischer Annäherung – auf den Begriff zu bringen. Damit aber gibt Simmel einen substanziellen Begriff von Gesellschaft auf. Denn Gesellschaft wird in die Prozessualität von sich entwickelnden sozialen Relationen hineingestellt. Schon in *Über sociale Differenzierung* hatte Simmel den Gedanken formuliert, dass die Gesellschaft »nur der Name für die Summe dieser Wechselwirkungen [ist], der nur in dem Maße der Festgestelltheit dieser anwendbar ist« (GA 2, 131). Deshalb sei Gesellschaft auch nur »ein gradueller Begriff« (131). Der Prozess ist in Richtung auf die Zukunft offen, und selbst im Nebeneinander der Gegenwart ist kein fixer Punkt auffindbar, an dem abschließend gesagt werden könnte, dass tatsächlich alle sozialen Relationen und Formen »festgestellt« sind. Immer noch kann mehr und anderes auftauchen, das dem Blick des Soziologen bisher verborgen geblieben ist und damit die Feststellung der Gesellschaft eben verstellt. Hinzu kommt die bereits von Kracauer gesehene Problematik, dass Simmel »ganz im unklaren darüber [läßt], wie die vielen von ihm namhaft gemachten Formen sich zueinander verhalten, wie sie sich anschichten, ob eine objektive Schau der von ihnen umgriffenen Beschaffenheiten des soziologischen Kontinuums möglich ist oder nicht usw«[86]. Gibt es Über- und Unterordnungen, Hierarchien unter den Relationen, existieren Wertigkeiten und graduelle Unterschiede? Schließlich und an den innersten Nerv der Soziologie rührend: Was überhaupt und aus welcher Perspektive beschreibt Simmel eigentlich? Die Beispiele in seinem voluminösen Werk greifen nämlich auf das gesamte Arsenal der Menschheitsgeschichte zurück, sodass sich der moderne Journalist an der Seite des mittelalterlichen Zunftangehörigen wiederfindet wie das Mitglied einer amerikanischen Mormonengemeinde neben einem russischen Bauern.

Explizit ist davon zwar nie die Rede, doch im Subtext der *Soziologie* ist sie ständig präsent: die Moderne – genauer: die zeitgenössische Gesellschaft, expandierende Großstädte, zusammenwachsende Märkte, moderne Techniken und Technologien. Die Gesellschaft – eine Gesellschaft ohne Steuerungszentrum. Dennoch funktioniert sie, erhält und reproduziert sich aufgrund von weitgehend stabilen sozialen Relationen, durch tradierte Normen und Werte, internalisierte Rollen und – nicht zuletzt – durch institutionelle Absicherungen wie etwa Recht und Sitte. Die Simmel'sche Soziologie als Frühform der Systemtheorie, Gesellschaft als autopoietisches System? Möglicherweise; in jedem Fall aber prallen vom Simmel'schen Verständnis der Moderne alle Versuche einer revolutionären Veränderung, der Überwindung der bestehenden Verhältnisse ab. Mögen die Umbrüche in der Moderne, in der Gesellschaft wie im Individuum, auch noch so groß sein, mag die Zäsur zu allem Früheren unübersehbar sein (wobei Simmel verschiedene Gesellschaftsformationen nicht differenziert), Chancen zur revolutionären Aufhebung dieser Moderne räumt er (nicht erst in der Soziologie, wie wir gesehen haben) nicht ein. Dabei wären die Voraussetzungen hierfür günstig; Lukács z. B. hat später aus einer mit Simmels Diagnostik der Moderne durchaus vergleichbaren Sicht sein Theorem des Klassenbewusstseins entwickelt. Die Proletarier müssten sich eben nur deutlich zu Bewusstsein bringen, dass sie als Körperware im Eigentlichen das Selbstbewusstsein der Ware seien.[87] Anders dagegen Simmel. Bei ihm versteinert die Entfremdung nur die bestehenden Verhältnisse, schafft weitere Distanzen zwischen den Individuen und dissoziiert sie mindestens so weit, dass sie zu keiner gemeinsamen Aktion mehr fähig sind.

Deutlich wird das vor allem im »Exkurs über die Soziologie der Sinne«, in dem Simmel die Veränderungen im menschlichen Wahrnehmungsapparat skizziert. Die Menschen stellen sich, so Simmels These, auf die gewandelten äußeren Lebensbedingungen ein und um – Lebensbedingungen, die durch die moderne Großstadt geprägt sind, »in der man durch die Komplikation und Wirrnis des äußeren Lebensbildes an fortwährende Abstraktionen, an Gleichgültigkeit gegen das räumlich Nächste und enge Beziehung zu räumlich sehr Entferntem gewöhnt wird« (Simmel 1908, 642; GA 11, 718). Das Sehen etwa, das im Eigentlichen eine kommunikative Funktion ist, weil der Blick in das Auge des Anderen nicht nur mir dazu dient, jenen zu erkennen, sondern auch ihm nützlich ist, um mich zu erkennen (vgl. Simmel 1908, 648; GA 11, 724ff.), ist eigentümlich blicklos geworden und zielt ins Leere. Das Sehen hat keine feste Orientierung mehr, sondern wird überwältigt von unzähligen Eindrücken, von Dingen und Menschenmassen. Das führt dann »zu dem Gefühl der Unorientiertheit in dem Gesamtleben, der Vereinsamung und daß man auf allen Seiten von verschlossenen Pforten umgeben ist«

(651; GA 11, 727ff.). Auch fällt Kommunikation weitgehend aus, und das Sehen ist auf sich selbst gestellt. »Vor der Ausbildung der Omnibusse, Eisenbahnen und Straßenbahnen im 19. Jahrhundert waren Menschen überhaupt nicht in der Lage, sich minuten- bis stundenlang gegenseitig anblicken zu können oder zu müssen, ohne miteinander zu sprechen.« (651; GA 11, 727f.) Wo schließlich die Sinne ganz separiert sind und die interne Verständigung zwischen Sehen und Hören (resp. Sprechen) ausgefallen ist, entsteht eine weitergehende Entfremdung, wofür E.A. Poes Erzählung »Der Mann der Menge« ein literarisches Beispiel geliefert hat. So intensiv sich auch der Erzähler dem »Mann der Menge« widmet, den er zuerst durch die Fenster eines Cafés wahrnimmt, um ihn dann mit detektivischem Beobachterblick kreuz und quer durch London zu verfolgen, er bleibt doch bis zuletzt der Fremde und Unbekannte. Denn alles, was ihm der Beobachterblick ansinnt, muss ihn zwangsläufig verfehlen, wenn die wirkliche Kommunikation ausbleibt. Resigniert schließt deshalb der Erzähler: »Es wäre vergebens, ihm noch weiter nachzugehen, denn ich würde nichts von ihm, nichts von seinen Taten erfahren.«[88]

Eine (gesellschaftliche) Alternative zu diesem Zustand der Entfremdung, des Fremdseins, bietet Simmel nicht an, wohl aber eine Form sozialer Wechselwirkung, die von diesem Zustand entlastet: die Geselligkeit. Diese war schon Anathema der *Philosophie des Geldes* wie der *Soziologie*, doch erst in dem Vortrag »Soziologie der Geselligkeit« von 1911, dem Beitrag Simmels zum ersten deutschen Soziologentag, rückt sie zentral in den Mittelpunkt. Und im Nachklang zur großen *Soziologie*, in den *Grundfragen der Soziologie* (1917), stehen die geringfügig überarbeiteten Ausführungen zur Geselligkeitsproblematik aus dem Vortrag erneut im Zentrum von Simmels Überlegungen.

Geselligkeit definiert Simmel als die »*Spielform der Vergesellschaftung*« (Simmel 1911, 4; Simmel 1970, 53; GA 12, 180; GA 16, 108), bei der vorderhand »die Einsamkeit des Individuums« zunächst »in ein[em] Zusammen, eine[r] Vereinigung mit anderen aufgehoben ist« (Simmel 1911, 2; GA 12, 178). Hier hat der Mensch »einerseits alle Sachbedeutungen der Persönlichkeit abgetan und tritt nur mit den Fähigkeiten, Reizen, Interessen seiner reinen Menschlichkeit« in sie ein. »Andererseits aber macht dies Gebilde vor dem ganz und gar Subjektiven und rein Innerlichen der Persönlichkeit halt. Die Diskretion, die dem anderen gegenüber ein erstes Erfordernis der Geselligkeit ist, ist ebenso dem eigenen Ich gegenüber erforderlich, weil ihre Verletzung in beiden Fällen die soziologische Kunstform der Geselligkeit in einen soziologischen Naturalismus ausarten läßt.« (Simmel 1911, 6; GA 12, 182) Klar ist für Simmel, dass die Geselligkeit nur »eine *künstliche* Welt« (7; GA 12, 183) ist, die allenfalls »*unter Gleichen*« funktionieren kann. »Wenn Vergesellschaftung überhaupt Wechselwirkung ist, so ist es deren reinster und sozusagen stilisiertester Fall, wenn sie unter Gleichen vor sich geht, wie Symmetrie und Gleichgewicht die einleuchtendsten künstlerischen Stilisierungsformen anschaulicher Elemente sind.« (8; GA 12, 184) Dennoch will Simmel darunter keine gesellschaftliche Enklave verstehen, in der der Mensch nur vorübergehend von gesellschaftlichen (Handlungs-)Zwängen entlastet ist. Vielmehr rückt er die Geselligkeit in die Nähe der Kunst und des Spiels, deren Charakter zwar eine Distanzierung zur Gesellschaft prägt, die zugleich aber die Bestimmungen der Gesellschaft mit umfassen. Was darunter zu verstehen ist, erläutert Simmel am Begriff des »*Gesellschaftsspieles*«, in dem mit Gesellschaft ›gespielt‹ wird. »Die ganzen Wechselwirkungs- oder Vergesellschaftungsformen zwischen den Menschen: das Übertreffenwollen und der Tausch, die Parteibildung und das Abgewinnenwollen, die Chancen der zufälligen Begegnung und Trennung, der Wechsel zwischen Gegnerschaft und Kooperation, das Überlisten und die Revanche – alles dieses, im Ernste der Wirklichkeit von Zweckinhalten erfüllt, führt im Spiel ein vom Reize dieser Funktionen selbst und allein getragenes Leben.« (Simmel 1970, 59; GA 16, 113)

Paradigmatische Bedeutung für die Geselligkeit kommt daher auch dem Gespräch als »dem breitesten Träger aller menschlichen Gemeinsamkeit« (Simmel 1970, 61; GA 16, 115) zu. Was Jahrzehnte später Jürgen Habermas als ideale Sprechsituation fordern wird, findet sich – freilich in anderer Terminologie – schon bei Simmel. Auch er verlangt dem geselligen Gespräch die Reziprozität der Chancen aller Teilnehmer ab, wobei er allerdings – anders als Habermas – der Überzeugung ist, dass dies wiederum nur »unter Gleichen« möglich ist. Im geselligen Gespräch sind alle gesellschaftlichen Zwänge – die Orientierung an Interessen, die genaue Kalkulation von Mittel und Zweck etc. – gewichen. Und die Gegenstände sind, wenn auch nicht völlig gleichgültig, so doch allenfalls »Mittel«, während »das Reden legitimer Selbstzweck ist« (a.a.O., 63; GA 16, 116).

Schließlich erhält die Geselligkeit bei Simmel den Status eines »Miniaturbild[es] des Gesellschaftsideals« (Simmel 1970, 64; GA 16, 117 f.). Geselligkeit wird so am Ende ästhetisch konzipiert, als Interaktions- und Kommunikationsform einer »schönen Gemeinschaft«, wie sie bereits den Frühromantikern vorschwebte. Sie ist ein Ideal, das, um mit Habermas zu reden, auch wenn es tatsächlich niemals angetroffen würde, dennoch kontrafaktisch dem Bestehenden gegenüberzustellen ist, nicht als utopischer Entwurf einer idealen – möglicherweise herrschaftsfreien – Gesellschaft, sondern bescheidener, wie die Kunst, als Stachel im Fleisch der Wirklichkeit. »Auch die Kunst steht zwar *über* dem Leben, aber über dem *Leben*. Schneidet die Geselligkeit die Fäden, die sie mit der Lebenswirklichkeit verbinden und aus denen sie ihr freilich ganz anders stilisiertes Gewebe spinnt, völlig ab, so wird sie aus einem Spiele zu einer Spielerei mit leeren Formen, zu einem unlebendigen und auf seine Unlebendigkeit stolzen Schematismus.« (66; GA 16, 119) Geselligkeit, so Simmel am Ende, befreit und entlastet vom Druck der Gesellschaft, freilich nicht durch die Abkehr von dieser in der Weise falscher Versöhnung, z. B. in der Stilisierung bornierter Lebenswelten (Heimat, Volkstümlichkeit), sondern gerade durch distanzierte Hinwendung und einen künstlerisch-spielerischen Umgang mit ihr. »Das Befreiende und Erleichternde aber, das gerade der tiefere Mensch in der Geselligkeit findet, ist: daß das Zusammensein und der Einwirkungstausch, in denen die ganze Aufgabe und die ganze Schwere des Lebens sich darstellt, hier in gleichsam artistischem Spiel genossen werden, in jener gleichzeitigen Sublimierung und Verdünnung, in der die inhaltbegabten Kräfte der Wirklichkeit nur noch wie aus der Ferne anklingen, ihre Schwere in einen Reiz verflüchtigend.« (68; GA 16, 121)

Simmel lehrt nichts, empfiehlt nichts und entwirft auch keine ausgeklügelte Theorie. Insofern mag wohl Vierkandts abschließendes Resümee über die Simmel'sche Soziologie zutreffen, dass hier zwar eine neue Wissenschaft postuliert, aber nicht konstituiert wird. Simmel, so Vierkandt, »hat keine Methoden angegeben und auch selbst keine angewandt, die zum Ausbau einer Wissenschaft hinreichen würden. Er bedient sich vorwiegend eines konstruktiven Verfahrens, das aus dem Beobachtungsmaterial des täglichen Lebens schöpft [...].«[89] Gültig aber bleibt für die Soziologie noch bis 1917 jener schlichte Satz aus einer Rezension Simmels von Stammlers *Wirtschaft und Recht nach der materialistischen Geschichtsauffassung* von 1896, wonach Gesellschaft »überall da sei«, »wo mehrere Individuen in Wechselwirkung stehen« (Simmel 1896b, 580; GA 1, 370).

7. Hermeneutik und Geschichte

Blättern wir nun wieder in der Chronologie zurück. Im selben Jahr wie der erste Band der *Einleitung in die Moralwissenschaft* erscheint auch Simmels schmales Bändchen *Die Probleme der Geschichtsphilosophie*, an dem er jedoch, wie es in einem Brief heißt, bereits seit Jahren gearbeitet hatte (vgl. GA 2, 427; GA 22, 69). Hierin werden wiederum Probleme diskutiert, die Simmel während seines ganzen Lebens beschäftigten. 1905 veröffentlicht er eine zweite, völlig umgearbeitete Fassung, 1907 dann eine dritte, ebenfalls erweiterte Fassung. Aus dem Jahre 1916 stammt der Essay »Das Problem der historischen Zeit«; 1918 publiziert Simmel den grundsätzliche Fragen erörternden Essay »Vom Wesen des historischen Verstehens«. Im Nachlass schließlich findet sich noch die Abhandlung »Die historische Formung«.

Mit *Die Probleme der Geschichtsphilosophie* steht Simmel inmitten zeitgenössisch-aktueller Debatten, in denen vor allem um die Abgrenzungsfragen zwischen den Natur- und Geisteswissenschaften sowie um methodologische Aspekte der Geisteswissenschaften gestritten wurde. Simmels Arbeit liegt dabei zeitlich noch vor der berühmten Abhandlung Wilhelm Windelbands über *Geschichte und Naturwissenschaft* (1894), worin die folgenreiche Unterscheidung von nomografischen (Natur-)Wissenschaften und idiografischen (Geistes-)Wissenschaften getroffen wurde. Heinrich Rickert hat dann in Weiterführung der Überlegungen seines Lehrers von den Naturwissenschaften, die auf allgemeine

Gesetze zielen, und den Kulturwissenschaften, die das Individuelle und Besondere herausstellen, gesprochen. »Die Wirklichkeit«, so lautet Rickerts prägnante Kurzformel, »wird Natur, wenn wir sie betrachten mit Rücksicht auf das Allgemeine, sie wird Geschichte, wenn wir sie betrachten mit Rücksicht auf das Besondere und Individuelle, und ich will dementsprechend dem generalisierenden Verfahren der Naturwissenschaft das individualisierende Verfahren der Geschichte gegenüberstellen.«[90]

Simmel hat Rickerts im Wesentlichen um methodologische Unterscheidungen bemühten Arbeiten vorgearbeitet, wobei Simmels Schwerpunkt allerdings deutlich auf verstehenstheoretischen und hermeneutischen Fragen der Geschichtswissenschaft liegt. Darin berührt er dann auch viele Probleme, die schon Wilhelm Dilthey bei seinen lebenslangen Versuchen zur Begründung einer Theorie der Geisteswissenschaften aufgeworfen hat. Überhaupt findet in Simmels Arbeiten eine fortlaufende Auseinandersetzung mit Dilthey statt, ohne dass dessen Name erwähnt wird.[91] Es ist Wilhelm Diltheys Anliegen von seiner *Einleitung in die Geisteswissenschaften* (1883) bis zum *Aufbau der geschichtlichen Welt in den Geisteswissenschaften* (1910), das Fundament dessen zu legen, was er in Abgrenzung von den Naturwissenschaften die Geisteswissenschaften nennt. Während die Naturwissenschaften am Paradigma des »Erklärens« orientiert sind, steht bei den Geisteswissenschaften das »Verstehen« im Vordergrund. Die Naturwissenschaften erklären ihren Gegenstand, die Natur, in der Nachfolge Kants »als eine Ordnung nach Gesetzen«, wohingegen die Geisteswissenschaften den Menschen und die Welt, aber auch die Natur gleichsam unter der Perspektive »ad hominem« verstehen, d. h. den Weg von außen (Natur) nach innen (Mensch) zurückverfolgen und »Bedeutung, Wert und Zweck« analysieren, die die Menschen den Dingen und Sachverhalten zusprechen.[92]

In diesem Punkt knüpfen übrigens die Neukantianer Windelband und Rickert durchaus an Dilthey an. Nur schlägt Rickert vor, den seiner Meinung nach untauglichen Begriff Geisteswissenschaft durch Kulturwissenschaft zu ersetzen. Die Wege trennen sich dort, wo Dilthey weiter am psychologischen Untergrund seiner Verstehenstheorie festhält. Das ist für die Neukantianer inakzeptabel; so schätzen sie zwar Dilthey als »Anreger« und honorieren auch dessen »Gabe des historischen ›Nacherlebens‹ und ›Einfühlens‹«, allein die »Fähigkeit des streng begrifflichen Denkens« wollen sie »diesem bedeutenden Manne« nicht zuerkennen.[93] Tatsächlich ist es Dilthey niemals gelungen, in einem systematischen Werk seine Theorie bzw. deren Grundbegriffe vorzustellen. Auch sein Vermächtnis, der *Aufbau der geschichtlichen Welt in den Geisteswissenschaften*, ist nur Fragment geblieben, geradeso wie die Grundbegriffe »Erleben« und »Verstehen«, an die Dilthey sein Konzept der Geisteswissenschaften knüpfte.

Dennoch mag ein kurzer Blick auf die Dilthey'schen Theorien angebracht sein, da sich Simmel in seinen verschiedenen Arbeiten zur Problematik der Geschichtsphilosophie und des historischen Verstehens immer wieder kritisch auf sie bezieht.

Dilthey setzt an bei alltäglichen Lebensvollzügen. »Unser Handeln«, heißt es gleich zu Beginn seiner berühmten Rede über die »Entstehung der Hermeneutik« (1900), »setzt das Verstehen anderer Personen überall voraus: [...].«[94] Und an anderer Stelle notiert er dazu, dass »hinter das Leben [...] das Erkennen nicht zurückgehen [kann]«[95]. In Opposition zu metaphysischen Konstruktionen hegelianischer Provenienz will er »das Gegebene« »analysieren«.[96] Um aber – auch und gerade im Alltag – handeln zu können, muss vorab schon das verstanden worden sein, worauf sich eigenes Handeln dann jeweils bezieht. Hierzu setzt Dilthey die Begriffe des Einfühlens und Nachbildens ein: Man müsse die eigenen Erlebnisse in den anderen hineinprojizieren, auf den anderen übertragen. In der Rede über die Hermeneutik definiert er das Verstehen schlicht als »den Vorgang, in welchem wir aus sinnlich gegebenen Zeichen ein Psychisches, dessen Äußerung sie sind, erkennen«[97]. Und die Spätschrift *Der Aufbau der geschichtlichen Welt in den Geisteswissenschaften* ergänzt und präzisiert, dass uns im »Zusammenhang von Erleben, Ausdruck und Verstehen« das Leben und die Welt gegeben und dem Verständnis der Geisteswissenschaften aufgegeben sind.[98] Dabei denkt Dilthey den »Vorgang des Verstehens« als fortwährenden Prozess, »durch den Leben über sich selbst in seinen Tiefen aufgeklärt wird«: »[...] andererseits verstehen wir uns selber und andere nur, indem wir unser erlebtes Leben hineintragen in jede Art von Ausdruck eigenen und fremden Lebens.«[99]

Von dieser grundsätzlichen Voraussetzung ausgehend, versucht Dilthey im Folgenden, den Aufbau der geschichtlichen Welt zu skizzieren. Es geht ihm darum, Lebensprozesse zu verstehen, in ihrem Gewordensein wie in ihrem Werden. Das Gegebene, an dem sich das Verstehen abarbeitet, stellt sich dar in Ausdrucksformen, die Dilthey in verschiedene Klassen einteilt. Er unterscheidet Begriff, Handlung und Erlebnisausdruck voneinander, denen zwei Verstehensklassen, das »elementare« Verstehen (Begriff, Handlung) und das »höhere« Verstehen (Erlebnisausdruck), entsprechen. In jedem Fall geht jedoch die Bewegung so vor sich, dass das Verstehen nur unter Zugrundelegung des eigenen Erlebens ablaufen kann. Damit ergibt sich der hermeneutische Zirkel, hier freilich in Gestalt einer Aporie. Denn Dilthey setzt die Gewissheit seiner selbst, die Selbsthabe, für das Verstehen voraus, wie umgekehrt das Verstehen erst diese Selbstgewissheit bedingt. Auf den Punkt gebracht: Verstehen kann nur, wer erlebt und erlebnisfähig ist, und erleben kann nur der, der zugleich auch versteht. Abgesehen von der hier implizierten Schwierigkeit der Vorstellung einer allgemeinen, invarianten Menschennatur besteht noch die weitere, dass der Grad der Verstehensleistungen abhängig ist vom erreichten Grad der Erlebnisfähigkeit. So spricht Dilthey etwa von der »Vertiefung in sich selbst«[100] und von »der subjektiven Tiefe des Erlebens«.[101] Am Ende winkt dann das Genie, denn das Verstehen beruht »auf einer besonderen persönlichen Genialität«[102].

Zu Recht haben die Neukantianer die Schwächen des Dilthey'schen Ansatzes, nicht zuletzt den nie überwundenen Psychologismus in der Verstehenstheorie, angeprangert, ohne jedoch selbst eine Alternative anzubieten. Dafür waren sie zu sehr mit wissenschaftstheoretischen Fragen und Problemen der Logik innerhalb kulturwissenschaftlicher Argumentationen und Begriffsbildungen beschäftigt. Die grundlegende Frage aber nach dem Zugang zum Gebiet dessen, was Dilthey die Geisteswissenschaften nennt, und auch zur Wirklichkeit selbst ist ihnen jedoch aus dem Blick geraten.

Anders dagegen Simmel. Seine Arbeiten zur Geschichtsphilosophie, die zugleich immer auch hermeneutische Aspekte des Verstehens historischer Sachverhalte thematisieren, knüpfen ganz entschieden an das Dilthey'sche Programm an, berücksichtigen später auch – nach der Veröffentlichung von Windelbands Abhandlung und Rickerts *Grenzen der naturwissenschaftlichen Begriffsbildung* (1896) – die neukantianische Kritik an Dilthey. Dabei gelangt Simmel am Ende seiner Beschäftigung mit den Problemen der Geschichtsphilosophie und des historischen Verstehens an die Grenzen des Verstehens überhaupt. Statt sich daraufhin aber in eine (mögliche) skeptische Resignation zu flüchten, positiviert Simmel das letzten Endes irrationale Moment des Verstehens und seine unaufhebbare Subjektivität. Unter dem Eindruck von Henri Bergsons Philosophie schreibt er den Verstehensakten geradezu die Intuition ins Stammbuch. Doch sehen wir genauer hin.

Der Ausgangspunkt der *Probleme der Geschichtsphilosophie* ist eine Dilthey'sche Überlegung. »Soll die Geschichte nicht ein Marionettenspiel sein, so ist sie die Geschichte psychischer Vorgänge, und alle äußeren Ereignisse, die sie schildert, sind nichts als die Brücken zwischen Impulsen und Willensakten einerseits und Gefühlsreflexen andererseits, die durch jene äußeren Vorgänge ausgelöst werden.« (GA 2, 303; Simmel 1905, 1; GA 9, 233) Und wie Dilthey ist auch Simmel deshalb der Vorwurf des Psychologismus nicht erspart geblieben.[103] Tatsächlich ist für den frühen Simmel die psychologische Grundlage des Verstehens unaufhebbar, die Einfühlungstheorie »unentbehrlich« (GA 2, 318). Denn jede Verstehensleistung erfolgt so, dass einem Äußeren Inneres untergelegt wird, einem Inneren, das freilich der Verstehende hinzubringt. Simmel macht die Unterscheidung zwischen einem mitgeteilten Sachverhalt und den dabei mitschwingenden Absichten, Motiven etc. Während die Sachverhalte, »theoretische Denkinhalte« etwa, losgelöst vom Sprechenden durch »direktes Nachbilden« verstanden werden können, beruht das Verständnis subjektiver Vorgänge auf der »Wiederholung der im Anderen vorgehenden Bewußtseinsakte« (GA 2, 318). Sobald das Verstehen des Anderen über bloße Inhalte hinausgeht und Einstellungen, Motive, Absichten, innere Dispositionen umfasst, ist der Verstehende, der Hermeneut im Dilthey'schen Sinne, ganz auf sein Eigenes und Inneres verwiesen, findet am Gegebenen keine objektiven Anhaltspunkte mehr. Zu diesem Subjektivismus müsse sich der Verstehende bekennen; er sei unhintergehbar.[104]

Ausdrücklich wendet sich daher Simmel auch gegen Leopold v. Rankes Geschichtsauffassung. »Wenn Ranke den Wunsch ausspricht, er möchte sein Selbst auslöschen, um die Dinge zu sehen, wie sie an sich gewesen sind, so würde die Erfüllung dieses Wunsches gerade seinen vorgestellten Erfolg aufheben. Nach ausgelöschtem Ich würde nichts übrig bleiben, wodurch man die Nicht-

Ichs begreifen könnte.« (GA 2, 321) Die »Einmischung des Ichs« ist geradezu eine methodische Notwendigkeit, denn dessen »specifische Inhalte« sind für Simmel »die unentbehrlichen Durchgangspunkte jedes Verständnisses Anderer« (322). Hierin liegt dann auch die Nähe des Historikers zum Dichter: »Dieses Mitfühlen mit den Motiven der Personen, mit dem Ganzen und Einzelnen ihres Wesens, von dem doch nur fragmentarische Äußerungen überliefert sind; dieses Sich-hineinversetzen in die ganze Mannigfaltigkeit eines ungeheueren Systems von Kräften, deren jede einzelne nur verstanden wird, indem man sie in sich wiederspiegelt – das ist der eigentliche Sinn der Forderung, daß der Historiker Künstler sei und sein müsse.« (322) Diltheys Unterstellung einer allgemeinen, kulturinvarianten Menschennatur, aufgrund deren der psychologische Transfer auf den Anderen erst möglich werde, begegnet auch bei Simmel wieder, allerdings in der Pointe, dass der Historiker nicht etwa deshalb (historische) Persönlichkeiten begreife, weil er ihnen gleiche, »sondern daß er seine Gleichheit mit ihnen voraussetzt, weil er sie begreifen will und es auf andere Weise nicht kann« (324). Damit wird aus der Dilthey'schen Unterstellung eine heuristische Annahme; die Voraussetzung verwandelt sich in ein erkenntnisleitendes Interesse.

Am Ende des ersten Kapitels seiner *Probleme der Geschichtsphilosophie* ruft Simmel allerdings wieder, wie schon Dilthey, die geniale Persönlichkeit an, die den Grad und Wert des historischen Verstehens bestimmen soll. Simmel spricht vom »genialen Menschenkenner« und hält den »genialen Historiker« nur noch für eine Steigerung desselben (GA 2, 330). Insgesamt, so resümiert er, bildet auf jeden Fall die Psychologie »das Apriori der Geschichtswissenschaft« (338). Diese stellt – in erkenntnistheoretischer Einstellung, die Simmel als Philosoph annimmt – nur die Verlängerung derselben Probleme dar, die bereits im Alltagsleben, bei alltäglicher Kommunikation und Interaktion, auftauchen, weshalb es Simmel zunächst auch genügt, die Verstehensproblematik daran aufzuzeigen.

Problematischer wird es allerdings dort, wo der Historiker aus dem gegebenen Material großflächige Konstruktionen gewinnt, historische Gesetzmäßigkeiten ableitet oder gar den Sinn der Geschichte zu finden glaubt. Bereits aus dem ersten Kapitel ist aber klar geworden, dass Simmel, der die subjektive und psychologische Grundlage jedes Verstehensaktes betont, die Erkenntnis historischer Gesetzmäßigkeiten oder gar des Sinns der Geschichte ablehnt. Wo Derartiges formuliert werde, handele es sich um subjektive Konstruktionen des Historikers, denen kein objektives Korrelat gegenüberstehe. Im Material selbst, den historischen Daten, Fakten und Ereignissen, steckt nach Simmel keine Objektivität, die sich herleiten oder – weitergehend noch – in einer teleologischen Reihe verknüpfen ließe.

Solche Bemühungen sind für Simmel reine Metaphysik, wie er am einflussreichen Beispiel des Materialismus nachweist. Es sei nämlich eine haltlose Spekulation des Materialismus, anzunehmen, dass sich gesellschaftliche Klassen und soziale Bewegungen, obwohl einheitlich von der unsichtbaren Hand ökonomischer Gesetzmäßigkeiten determiniert, wie ein identisches Subjekt verhielten. Dies sei »eine subjektive Synthesis, die durch ihre Projizierung in die objektive Realität hinein metaphysischen Charakter erhält. Daß durch den Wechsel der Personen hindurch sich ein einheitliches Subjekt erhält, daß ein ursprünglicher Keim vorhanden ist, als dessen Entwicklungen sich die Epochen der Menschheitsgeschichte ergeben und in dem sie jenen Beziehungspunkt finden, der sie gegenseitig als fortgeschrittene oder zurückgebliebene bezeichnen läßt – das ist eine metaphysische Voraussetzung, ohne die der Fortschrittsbegriff nicht bestehen kann, die aber sein Aufsteigen zu einer exakten Verifizierung unmöglich macht.« (GA 2, 406)

Was hier nur kurz gestreift wird, erfährt in der zweiten Auflage der *Probleme der Geschichtsphilosophie* von 1905 dann breite Behandlung. Explizit wird nun der Marxismus angesprochen. Zunächst bescheinigt Simmel diesem seine »Grösse«, »dass [er] hinter den Gegensätzen und Wandlungen der Geschichte die Triebfeder sichtbar machen will« (Simmel 1905a, 153; GA 9, 402), um dann aber zu kontern, dass der Glaube an »eine materialistische Nachzeichnung der Wirklichkeit« »ein methodischer Irrtum ersten Ranges« sei (vgl. 156; GA 9, 405), denn hierbei würden Realgrund und Idealgrund miteinander verwechselt. »Er [der Marxismus, W. J.] verwechselt nicht nur die Stilisierung des von den Erkenntnisinteressen aus geformten Bildes des Geschehens mit der Unmittelbarkeit seines natürlichen Verlaufes; sondern ausserdem auch noch ein Princip, das seine Bedeutung als heuristisches, allenthalben erst gleichsam probeweise anzuwendendes, besitzt, mit einem konstitutiven, das von vornherein feststeht und die Tatsachen von sich aus entwickelt. Dass nämlich das wirtschaftliche Motiv das Bewusstsein der Menschen durchgängig, auch nichtwirtschaftlichen Inhalten gegenüber, beherrsche und diese bewusst erzeuge, behauptet niemand; was im Unbewussten vorgeht und wie sich dort die Kausalitäten knüpfen, weiss niemand; so bleibt als Sinn der geschichtsmaterialistischen Auffassung nur übrig: die Ereignisse verlaufen so, *als ob* jenes Motiv die Menschen regiere.« (156; GA 9, 405)

Mit anderen Worten: Im Marxismus entdeckt Simmel einen verschwiegenen Neukantianismus, der einen Sinn in der Geschichte fingiert, »als ob« nämlich die Ökonomie das Handeln und Verhalten der Menschen einheitlich strukturiere. Gegen diese metaphysische Überspannung führt Simmel sodann sein – uns inzwischen hinreichend bekanntes – Wechselwirkungstheorem ins Feld, hier verstanden als »*Wechselwirkung* aller historischen Faktoren«, was den Primat der Ökonomie, in dem Simmel nur den Hegel'schen Gedanken von der Selbstbewegung der Idee weiterleben sieht, verbietet (vgl. Simmel 1905a, 158; GA 9, 408). Insgesamt, so beschließt er seine Kritik am Marxismus, versage uns die wechselseitige Abhängigkeit aller historischen Fakten, die niemals ganz und abschließend überschaut werden könnten, die Ansicht eines einheitlichen, geradlinigen und teleologischen Geschichtsverlaufs. »Während sie [die ›gegenseitige Einwirkung *aller* historischen Faktoren‹, W. J.] allein die wirkliche Geschichtseinheit ausmacht, kommt jedes uns mögliche, einheitliche Bild des Gesamtgeschehens nur durch konstruierende Einseitigkeit zustande. Wir können wohl einzelne Entwicklungsreihen von einer grossen geschichtlichen Epoche in die andere hinein verfolgen; allein der Gesamtcharakter der einen wie der anderen wird, wenn man genau zusieht, dabei eigentlich immer schon vorausgesetzt.« (158; GA 9, 408) Die Tätigkeit des Historikers, der Entwurf eines Geschichtsbildes, ist immer subjektive Konstruktion ohne objektives, im Material selbst liegendes Korrelat.

Dennoch zieht Simmel aus seiner Kritik nicht die – immerhin naheliegende – Konsequenz des Skeptizismus. Ganz auf der Linie seiner beiden anderen frühen Schriften, *Über sociale Differenzierung* und *Einleitung in die Moralwissenschaft*, hält er auch in *Die Probleme der Geschichtsphilosophie* wieder dafür, dass die Philosophie, die Metaphysik, ohne tatsächlich exakte Erkenntnis zu liefern dennoch »als Ausgangs- oder Durchgangspunkt« »durchaus nützlich« ist. Denn sie gibt »eine erste Orientierung über die Gesamtheit des geschichtlichen Lebens an die Hand«, ja vermittelt allererst einen »Überblick« (vgl. GA 2, 372f.). »Die philosophische Erkenntnisart ist ein Präliminarstadium, durch das die Entwicklung jedes Erkenntnisgebietes hindurch muß, eine Zwischenstufe zwischen der beobachteten komplexen Einzelthatsache und ihrer Konstruktion aus den Gesetzen, die ihre Elemente bewegen; in diesem Stadium, auf dieser Stufe befindet sich im Augenblick die Entwicklung, deren ideales Ziel die Einsicht in die elementaren Beziehungen der einfachsten Teile ist, aus denen sich das historische Geschehen zusammensetzt.« (373) Wiederum tritt die Philosophie an die Stelle der exakten Wissenschaft, deren Möglichkeit zu empirischer Erkenntnis von historischen Zusammenhängen der frühe Simmel zumindest offenhält.

Die zweite Fassung der *Probleme der Geschichtsphilosophie* verhält sich in diesem Punkt schon sehr viel reservierter, wenn es dort heißt: »Dass die Geschichte ein Bau aus dem Stoff des Gegebenen ist, der seine Form ausschliesslich den Forderungen des Erkennens verdankt, kann zu der skeptischen Klage: wir könnten die volle Realität und Ganzheit des geschichtlichen Daseins nicht ergreifen – nur so lange missbraucht werden, wie man die historische Wahrheit mit der erlebten Wirklichkeit verwechselt, und aus dieser das Ideal für jene gewinnen will, das doch nur aus ihr selber erwachsen kann.« (Simmel 1905a, 169; GA 9, 419) Über die Möglichkeit einer restlosen empirischen Erkenntnis wird hier schon nicht mehr gemutmaßt, sondern vielmehr die Überlegung von der Historie als Konstruktion weitergetrieben.

In diesem Umfeld bewegen sich schließlich auch Simmels spätere lebensphilosophische Schriften, die den Begriff der Geschichte durch den des Lebens ersetzen, den des Geschichtsverlaufs durch den des Lebensstroms. Die Quintessenz in Simmels Text über »Die historische Formung« lautet dann, dass »*jedes* historische Bild« nur und bestenfalls das »Surrogat eines Ganzen« liefern könne (Simmel 1923, 176; GA 13, 343). Totalität ist nicht möglich. Was bleibt, was je und je von einem »reflektierten Gegenwartsstandpunkt« (Habermas) aus anvisiert wird, ist die aus Interesse am gegenwärtigen Erleben orientierte Konstruktion einer teleologischen Reihe. Lebensinteresse als Stimulus für den Umgang mit Historie. Verfehlt wird die Geschichte dabei in jedem

Fall, notwendig fürs (Über-)Leben ist der Versuch dennoch. »Die Historie«, dies mag als letztes Wort Simmels gelten, »isoliert gerade die einzelne Reihe, drängt das Lebensganze zurück, zu dem jede sich mit den anderen verwebt, fingiert gewissermaßen ein Leben, dessen Inhalte auf die Schnur *eines* Begriffes aufgereiht sind, während das wirkliche Leben gerade durch die unzähligen Unterbrechungen der Reihen entsteht, die ein fortwährendes Zurückgreifen, Darüberhingreifen mit sich bringen« (Simmel 1923, 160; GA 13, 330).

Deutlicher aber noch geht Simmel in dem Essay »Vom Wesen des historischen Verstehens« von 1918 mit der Dilthey'schen und auch seiner eigenen früheren Verstehenstheorie ins Gericht. Rundum wird hier die Projektionstheorie, diese »mechanistische Anschauungsweise« (Simmel 1984, 82; GA 16, 179), abgelehnt. Verstehen nämlich sei, dies gleich zu Beginn, »innerliche Synthese zweier, von vornherein getrennter Elemente.« (62; GA 16, 154) Im Folgenden dann unterscheidet Simmel »drei typische Ausgestaltungen« von Verstehensprozessen, von denen die erste und gleichsam basale – das Verstehen des Anderen, in leiblicher Präsenz Gegenwärtigen – in jeder Alltagspraxis vorkommt. Gegen die Annahme, den Anderen durch eine Projektion meiner selbst in ihn verstehen zu können, ihn also – mit einer Anleihe bei Hegel – als das Andere meiner selbst zu begreifen, führt Simmel nicht nur andersartige Kulturen ins Feld, die über diesen Weg niemals begriffen werden könnten, sondern auch bekannte, am eigenen Leib erfahrbare psychologische Entwicklungen. »Denn wie oft stehen wir unserer eigenen Vergangenheit ganz verständnislos gegenüber, wie oft begreift der reife Mann Handlungen und Gefühle seiner Jugendzeit nicht mehr, wie vieles soeben Gefühlte und Gewollte müssen wir als verschlossene Tatsache unseres Daseins hinnehmen, ohne zu verstehen, wie es aus seinen Vorbedingungen und unserem Charakter hat entstehen können, ja was es nur seinem eigentlichen Sinne nach bedeutet!« (65; GA 16, 158)

Verstehen könne niemals durch Einfühlen, Hineinversetzen, Nach- und Mitempfinden zustande kommen. Ein Verstehen in diesem Sinne, das legt Simmel nahe, unterstellt vielmehr eine Subjekt-Objekt-Relation, bei der das Objekt nur den passiven Part spielt und darauf wartet, vom Subjekt angeeignet zu werden. Das vermeintliche Objekt jedoch ist selbst Subjekt, ein ganzer Mensch, der vielmehr in seiner »Totalexistenz« als Körper und Seele (vgl. Simmel 1984, 65; GA 16, 157) wahrgenommen wird. Und so erklärt dann Simmel, dass dieser Andere, das Du, »ein Urphänomen ist ebenso wie das Ich« (67; GA 16, 160); das Du ist auch nicht »meine Vorstellung«, sondern hat ein »Für-sich-Sein« (68; GA 16, 161). Ich und Du stehen gleichberechtigt nebeneinander, bewegen sich nebeneinander und miteinander durch soziale Interaktion, Kommunikation und Wechselwirkung im gesellschaftlichen Raum. »Das Du und das Verstehen ist eben dasselbe, gleichsam einmal als Substanz und einmal als Funktion ausgedrückt – ein Urphänomen des menschlichen Geistes, wie das Sehen und das Hören, das Denken und das Fühlen, oder wie Objektivität überhaupt, wie Raum und Zeit, wie das Ich; es ist die transzendentale Grundlage dafür, daß der Mensch ein zoon politikon ist.« (68; GA 16, 162)

Die Suche nach einem alternativen Verstehensmodell bei Simmel, das den Psychologismus Dilthey'scher Prägung hinter sich gelassen hat, verläuft freilich erfolglos. Simmel entwickelt kein neues Modell. Er belässt es nur bei einem kleinen Hinweis, der jedoch das ganze Dilemma aller Verstehenstheorien umreißt. An die Stelle der Einfühlung rückt Simmel nämlich die »Intuition«. »Für dieses Verstehen, das in seinen Bedingungen freilich oft durch praktische und zufällige Unzulänglichkeiten zerspalten wird und daraufhin der intellektuellen Analyse als Deutung selbständig äußerer Symptome durch dahinter gelegte Seelenhaftigkeit erscheint – ist der an sich nicht ansprechende Begriff der Intuition dennoch angemessen.« (Simmel 1984, 69; GA 16, 163)

Hier nun wird Simmels Bergson-Rezeption deutlich, die nach 1908 einsetzt und sich durch das gesamte Spätwerk hindurchzieht. Für Bergson ist die Intuition ein Grundbegriff, ja mehr noch, sie ist »die Methode« seiner Philosophie schlechthin.[105] Skizziert hat Bergson sie in einem Vortrag auf dem Philosophenkongress in Bologna 1911, »Die philosophische Intuition«, wo er die Intuition als »die wesenhafte Spontaneität im philosophischen Denken« bezeichnet und sie zum Wesenszug des Philosophen, als dessen Annäherung ans Leben, erklärt hat.[106]

An diese Vorstellung schließt auch Simmel an, der in einem kleinen Essay von 1914 der Bergson'schen Philosophie gedenkt. Darin nennt Simmel die Intuition »eine metaphysische Mitseinsschaft«, »die [...] nur die subjektive Seite der Strömungseinheit des Daseins ist« (Simmel 1922, 142 f.; GA 13, 67). Simmel versteht Bergson als die Weiterentwicklung des Pragmatismus zu einer metaphysischen Lebensphilosophie, die aus den Aporien eines verstandesfixierten Idealismus wie Naturalismus (Materialismus) hervorgegangen sei. Dazu eine etwas längere Passage: »Der Instinkt ist etwas Dunkles und Dumpfes, er kann nicht zum Bewußtsein haben, was er als Realität besitzt; Bergson darf deshalb aussprechen, der Instinkt könnte uns, vermöge seiner Einwurzelung im Sein, alle Fragen lösen – aber er stellt sie nicht; der Verstand stellt zwar alle Fragen, aber er kann sie nicht lösen. Auch Bergson weiß nichts anderes zu sagen, als daß die Intuition immer flüssigere, sich immer erneuernde, der Wirklichkeit sich immer näher anschmiegende Begriffe liefern müßte, immer aus der Analytik und Symbolik, in der die Wissenschaft sich unvermeindlich bewegt, dem unmittelbaren Leben der Dinge zustrebte. Aber schließlich kann er es nicht überwinden, daß Erkennen immer ein Erfassen ist und eine Distanz zwischen Erkennendem und Erkanntem setzt, von der aus die Identität des Seins wohl erstrebt, aber nicht erreicht werden kann. Immerhin, es bleibt der tiefe Gedanke, mit dem diese Lebensphilosophie über jene tragische, in tausend Formen ausgedrückte Unerreichbarkeit ein dennoch versöhnendes Licht fallen läßt: die Intuition bedeutet, daß das Leben nur vom Leben begriffen werden kann – gewissermaßen die Weisheit des Empedokles, daß Gleiches nur durch Gleiches zu erkennen ist.« (Simmel 1922, 143; GA 13, 67 f.)

Diese Einsicht in das Wesen der Intuition überträgt Simmel auf das Verstehen. Für ihn ist die Intuition keine Methode im eigentlichen Sinne, ja überhaupt nicht in eine Methode zu verwandeln. Vielmehr stellt sie eher eine Ahnung und Empfindung dar, resultierend aus dem Ungenügen an der Verstandesherrschaft und Rationalität, die immer nur die halbe Miete sind und – aufs Ganze gesehen – das verfehlen, was sie zu begreifen versuchen, nämlich das Leben. Simmel zieht freilich nicht die radikale Konsequenz, die sein damaliger Schüler Georg Lukács forderte, als er 1910 in dem Essay »Zur Theorie der Literaturgeschichte« Diltheys »geniale Anschauung« unter Anlehnung an Bergsons und Simmels Begriff der »Intuition« zur einzig möglichen Methode küren wollte. Als wahr nämlich empfand Lukács einzig »die blitzartigen Erkenntnisse, die mit der Kraft der Intuition ins Wesen eines Menschen oder einer Frage hineinleuchten und nicht die strengen, begrifflichen, wissenschaftlichen Feststellungen«[107]. So weit ist Simmel nicht gegangen, wenngleich auch er – mindestens implizit – die Möglichkeit einer streng begrifflichen und methodisch strikten Verstehenstheorie bestreitet. Die Intuition ist evident, eine Tatsache, und intuitiv verstehen wir auch den Andern. Leben kann nur vom Leben begriffen werden, wobei sich das Wie sogleich dem begrifflichen Zupacken entzieht.

»Aber das Verdacht Erweckende, mißbräuchlich Mystische«, so fährt Simmel an der Stelle fort, wo er die Intuition eingeführt hat, »verschwindet gerade, wenn wir uns klarmachen, daß die Anwendung der Intuition auf das historische Verstehen von ihrem unvermeidlichen Gebrauch in jedem Augenblick des praktischen Lebens umgriffen wird.« (Simmel 1984, 69; GA 16, 163) Gewiss klingt der Hinweis auf die faktische Alltagspraxis, die (immer wieder) gelingende und gelungene reibungslose Kommunikation, lapidar. Dennoch enthält dieser Hinweis eine nicht zu übersehende Pointe. Denn Simmel unterstellt eine kommunikative gesellschaftliche Praxis, die zwar *post festum* auf ihre Grundlagen und ihr Funktionieren hin überprüft werden kann und wohl auch soll, deren Faktizität aber unbestritten ist und auch keiner flankierenden psychologischen, metaphysischen oder anderer Weihen bedarf. Verstehen auf dieser ersten, elementaren, alltagspraktischen Stufe erscheint bei Simmel als Verständigungsprozess zweier gleichberechtigter gesellschaftlicher Akteure, des Ich und des Du, die sich in ihrer grundsätzlichen Andersheit ebenso wahrnehmen wie akzeptieren. Das Resultat des Prozesses ist dann die funktionierende Kommunikation, wobei es keine Rolle mehr spielt, ob nun tatsächlich das verstehende Ich die »wahren« Absichten des Du »wirklich« erfasst hat. Das bleibt der Interpretation anheimgestellt – und die unterliegt keinem methodischen Schema, ja ist überhaupt nicht methodisierbar. Simmels Paradigma ist die gelungene und gelingende gesellschaftliche Praxis.

Dies zur ersten Verstehensstufe. Wie sieht es nun aber mit dem eigentlich historischen Verstehen aus, bei dem die leibliche Präsenz des Anderen und damit Austausch, Kommunikation und Wechselwirkung entfallen. Grundsätzlich, so Simmel, stelle das historische Verstehen, bei dem im schlimmsten Fall nur einzelne Bruchstücke und Fragmente gegeben seien, lediglich eine komplexe Form des einfachen Verstehens dar. Dieses spaltet sich hier in die Ebene des »sachlichen« und die des (eigentlich) »historischen« Verstehens auf. Das sachliche Verstehen bildet dabei die elementare, psychologische Basis, während das historische Verstehen die historische Situierung des zu Verstehenden vollbringt. »Hören wir von einem hannöverschen Legitimisten nach 66, daß er Bismarck gehaßt hat, so verstehen wir zunächst dieses Gefühl unmittelbar rein als solches. Haß ist ein uns sogleich bekannter Affekt. Wir wissen innerlich die nicht weiter zu analysierende subjektive Bedeutung dieses Affekts, unter welchen Umständen, an welchem Träger er uns auch begegnet.« (Simmel 1984, 70; GA 16, 164) Historisch hat man diesen konkreten Ausdruck von Hass dann verstanden, wenn man den Krieg von 1866 und die preußische Annexion kennt. Allgemeiner: Historisch versteht, wer einen konkreten Fall »als Element eines zeitlichen Gesamtzusammenhangs« erkennt (70) oder, wie es in »Das Problem der historischen Zeit« einmal heißt, wer einen Inhalt als historischen »an einer bestimmten Zeitstelle« fixieren kann (vgl. Simmel 1922, 158; GA 15, 294).

Dies ist jedoch nur der einfachste Fall. Was geschieht nun, wenn etwas Objektiviertes, ein Schriftstück oder Kunstwerk etwa, vorliegt? Hier könnten das sachliche und das historische Verstehen auseinandertreten und zwei unterschiedliche Verstehensreihen ergeben. Denn »[i]n allem, was wir schaffen, besteht außer dem, was wirklich wir schaffen, noch eine Bedeutung, eine Gesetzlichkeit, eine Fruchtbarkeit jenseits unserer eigenen Kraft und Intention« (Simmel 1984, 74; GA 16, 168). Aus diesem Grund, schließt Simmel, ist »auch das geistige Verständnis einer solchen Schöpfung prinzipiell kein Problem mit nur einer möglichen Lösung« (74; GA 16, 169). Das sachliche Verstehen läuft nämlich entlang der Logik des Materials, die nicht identisch ist mit der Intention desjenigen, der das Werk geschaffen hat. Im

Material selbst – etwa einem Kunstwerk – steckt mehr und anderes, sodass jede Schöpferintention, worüber uns Ästhetik, Poetik und Literaturgeschichte hinreichend belehren, transzendiert wird. »Eine Schöpfung des Geistes, die verstanden werden soll, kann man mit einem Rätsel vergleichen, das sein Schöpfer auf ein bestimmtes Lösungswort hin gebaut hat. Findet ein Ratender nun etwa ein zweites, genau so passendes, auf das also das Rätsel, objektiv genommen, mit dem ganz gleichen logischen und dichterischen Erfolge zugeht, so ist es eine ebenso vollkommene ›richtige‹ Lösung wie die vom Dichter beabsichtigte, und diese hat nicht den geringsten Vorsprung vor ihr oder vor all den anderen Losungsworten, die man noch, prinzipiell unbeschränkt, auffinden mag. Hat ein Schöpfungsvorgang erst einmal die Form des objektivierten Geistes gefunden, so sind alle und sehr mannigfaltige Verständnisarten in dem Maße gleichberechtigt, in dem eine jede in sich ›bündig, exakt, sachlich befriedigend‹ ist.« (72f.; GA 16, 167) Weiter noch, mit Bezug auf das Kunstwerk ist das immanente Verständnis »ebenso unendlich variabel wie die Gefühle, die es auslöst und die keineswegs an diejenigen gebunden sind, die der Schöpfer darin investiert hat [...]« (73; GA 16, 163). Es gibt eine Vielzahl möglicher Deutungen, die alle, insofern sie nur »bündig, exakt, sachlich befriedigend« sind, gleichberechtigt nebeneinanderstehen.

Historisch allerdings, in Simmels Verständnis, sind diese Deutungen nicht, denn das historische Verstehen kennt nur eine einzige Lösung, diejenige, die die Intentionen des Schöpfers erfaßt: »[...] eine Mehrheit von historischen, aus dem seelischen Vorgang geschöpften Verständnissen der Faustentstehung, die alle ebenso richtig wären, wie eine Mehrheit jener sachlichen Faust-Verständnisse es sein könnte, ist ein Nonsens.« (Simmel 1984, 74; GA 16, 168) Dennoch ist Simmel klar, dass diese Form des historischen Verstehens nicht begründet werden kann und keiner operationalisierbaren Regel folgt. Man kann die Intention – in Schleiermacher'schem Sinne – ›divinieren‹ oder nicht. Eine nachträgliche Legitimation dafür und ein Beweis für ihre Richtigkeit ist nirgends erhältlich. So bleibt es bei der letzten Endes nur methodologischen Unterscheidung zwischen dem sachlichen und dem historischen Verstehen.

Im dritten Typus des Verstehens dann will Simmel die beiden Formen des sachlichen und des historischen Verstehens wieder zusammenbringen. Hat er bisher ein einzelnes historisches Ereignis, eine Handlung, eine konkrete Objektivation untersucht, so fragt er jetzt danach, wie diese Einzelheiten eine Reihe auf der Zeitachse – Entwicklung genannt – ergeben. Steckt eine immanente Entwicklungstendenz im Material der Geschichte selbst, eine verborgene »Latenz« (Bloch), oder bringt der Historiker und Hermeneut diese erst hinzu?

Das, was wir Geschichte nennen und mit einer Abfolge verbinden, ist immer eine Konstruktion des Subjekts. Der Historiker legt das Maß an und deutet *post festum* in das disparate Material, diesen bloßen »Fragmenthaufen« (Lukács), eine Kontinuität und Reihenfolge hinein. Das sachliche Verstehen legt die Bedeutung(en) eines zeitfreien Inhalts fest, dem das historische Verstehen dann eine bestimmte Zeitkoordinate zuweist. Im Schnittpunkt beider Verstehensakte entsteht so das »methodische Subjekt«, das der Historiker fingiert, um daraufhin Geschichte – als Geschichte der Kunst, der Wissenschaft, der Philosophie etc., aber auch einzelner Subjekte – zu konstruieren. Immer handelt es sich um Bilder, die der Historiker von der Geschichte entwirft, niemals jedoch um die Geschichte selbst.

Diese Geschichtskonstruktion, wie übrigens jeder einzelne Verstehensakt auch, ist für Simmel etwas »Schöpferisches«. Etwas, das erarbeitet worden ist, und keinesfalls ein irgendgeartetes Abbild von etwas (vgl. Simmel 1984, 82; GA 16, 178). Jedes Bild der

Geschichte, jede Konstruktion kann demonstriert werden, wofür uns die Werke genialer Historiker einstehen – unter methodische Regeln jedoch kann es nicht gebracht werden. Umgekehrt kann es selbst auch keine Anweisungen auf künftige Bilder liefern. Jede einzelne Konstruktion ist sich vielmehr selbst Methode, auf unbestimmte Weise hervorgebracht von der Intuition. Damit aber bleibt der ganze Verstehensprozess von Anfang bis zum Ende ans einzelne Subjekt gebunden. Ihm haftet zwar nichts Willkürliches an, da es ja selbst immer an einer bestimmten Zeitstelle steht und deshalb eingeschränkt ist, aber doch etwas Irrationales. Das hatte schon Dilthey freimütig bekannt, als er – mit schlechtem Gewissen – davon sprach, dass »in allem Verstehen ein Irrationales« steckt, »wie das Leben selber ein solches ist: es kann durch keine Formeln logischer Leistungen repräsentiert werden«[108].

Mag am Ende auch ein zwiespältiges Gefühl über die Verstehenstheoreme Diltheys und Simmels zurückbleiben und mögen auch alle kritischen Einwände, angeführt seinerzeit von den Neukantianern, zutreffen, es bleibt dennoch die Frage, welche Alternativen der Hermeneutik als gangbare Wege verbleiben. Radikaler noch. Ist überhaupt, so wäre ernsthaft zu diskutieren, die Hermeneutik unserer Zeit – von Dilthey und Simmel über Heidegger und die Phänomenologie bis zu modernen, strukturalistisch versierten Theoretikern – über die grundsätzlichen, von Dilthey und Simmel bereits bemerkten Schwierigkeiten hinausgekommen? Gibt es stringentere Ansätze als eine Hermeneutik als »geniale Anschauung« oder als Methode? Wie gesagt: bloß eine Frage.[109]

8. Abenteurer des Geistes

In den vorangegangenen Kapiteln ist der Theoretiker Simmel, der Soziologe und Philosoph, anhand verschiedener großer Arbeiten vorgestellt und diskutiert worden. Doch diese Perspektive täuscht, verzerrt zumindest die Optik. Denn Simmel ist weniger der »große« Theoretiker, schon gar nicht ein Systematiker, als vielmehr der geniale Anreger, der mit sensiblem Gespür auf die Umbrüche und Zusammenbrüche, die Krisen und Wandlungen seiner Zeit reagiert hat. Der Hegel'sche Anspruch, seine Zeit in Gedanken zu erfassen, mag ihn wohl inspiriert haben – auf den Begriff, in ein System und damit in fixe Koordinaten hat er sie nicht gebracht. Die großen Arbeiten, vom Frühwerk über *Die Philosophie des Geldes* bis zur *Soziologie*, verstehen sich als Annäherungen, vorläufige Bilanzierungen, die »Fragmente der Moderne« (D.Frisby) vorstellen, jedoch keine Totalität.

Das Ganze sei das Unwahre, hat Adorno einmal bemerkt und damit jedem – und sei's jedem drittklassigen Feuilletonisten – die Lizenz zur billigen Kritik am Idealismus sowie an allen Systemphilosophien erteilt. Doch Adorno kommt sehr viel später: Er weiß nicht nur um die Katastrophen des 20. Jahrhunderts, sondern kennt auch den Benjamin'schen Engel der Geschichte, an dessen Flügel er sich hängt. Anders dagegen Simmel. Er kann noch nicht von erhabener Warte und selbstherrlich wie der Benjamin'sche Engel auf das Trümmerfeld der Geschichte herabblicken. Und doch ist es derselbe Impuls wie bei Adorno, wenn auch nicht aufgrund gelebter Erfahrung und historischer Gewissheit. Nur ein Gefühl, eine Ahnung bestimmt das Simmel'sche Denken: Die Wirklichkeit – im Frühwerk war es die soziale Realität, später dann das Leben – ist nicht lediglich die Summe ihrer Teile, sondern mehr als das, was (vereinseitigende) Theorien an ihr begreifen. Diese Ahnung schreibt sich in die Simmel'schen Texte, die Art ihrer Präsentation, ihren Stil ein.

Der Essay ist die bevorzugte Textgattung. Viel wird darin behauptet, nichts bewiesen. Denn der Essayist hat nur sich selbst; er muss sich, wie es der frühe Lukács formuliert, »auf sich selbst besinnen, sich finden und aus Eigenem Eigenes bauen«[110]. Sein Material ist die ganze Welt, und immer schreibt der Essayist »mit unsichtbaren Buchstaben neben seinen Titel die Worte: bei Gelegenheit von«[111] – Simmel nutzt jede sich ihm bietende Gelegenheit: große und kleine Kunst, Michelangelo, Rembrandt, Böcklin und Rodin ebenso wie den Henkel und die Ruine, Errungenschaften und Erblasten der modernen Kultur, den Fetisch Technik, politische und soziale Erscheinungen. Er analysiert die Mode, Massenverbrechen und soziale Medizin, schreibt eine »Psychologie der Koketterie« (1909), eine »Philosophie des Abenteuers« (1910) und eine »Soziologie der Mahlzeit« (1910), beschäftigt sich mit der »Weibliche[n] Kultur« (1911) und Fragen der Frauenbewegung, mit Universitätsgründungen und Professorenhonoraren. Kant und Goethe, Schopenhauer und Nietzsche, schließlich Bergson sind immer wiederkehrende Bezugspunkte.

Nichts wird ausgelassen: kleine Details. Zufälligkeiten und scheinbar Abseitiges sind für Simmel noch immer der Reflexion wert. Der Philosoph, heißt es in der Einleitung zu *Philosophische Kultur* (1911, 1919), dürfe »keine auch der flüchtigsten und isoliertesten Oberflächenerscheinungen des Lebens« vernachlässigen. Sein Gebiet erstrecke sich vielmehr auf die ganze »Fülle des gegebenen Daseins«, um darin die philosophische »Tiefenschicht«

freizulegen (vgl. Simmel 1919, 2 f.; GA 14, 163 f.). Und bei anderer Gelegenheit, in dem Zeitungsbeitrag »Über Geschichte der Philosophie« von 1904 lesen wir: »Der Philosoph ist [...] ein solcher, dessen Seele nicht, wie die der meisten Menschen, nur auf diese oder jene Einzelheiten, sondern auf das Gesamtdasein als auf eine Einheit bewußt antwortet; und dessen Antwort dennoch eine gewisse, theoretisch noch nicht recht beschreibliche Art von Überindividualität besitzt, die nicht Allgemeingültigkeit ist, sondern der von Kunstwerken vergleichbar, die diese neben einem höchst subjektiven Wesen zeigen können.« (zit. nach Simmel 1984, 36; GA 7, 283) Philosophie, so die von Simmel mehrfach gebrauchte Kurzformel, sei »das Ganze der Welt, gesehen durch ein Temperament« (37; GA 7, 284), der Philosoph daher »der Abenteurer des Geistes« (Simmel 1919, 14; GA 14, 175), der – in Lukács' schöner Formulierung – »am Ende seines Weges das nicht gesuchte Ziel [erreicht], das Leben«[112].

Simmel zielt von der Peripherie ins Zentrum. Ausgehend von den »Oberflächenerscheinungen des Lebens«, lässt er das Senkblei philosophischer Reflexion in Tiefenschichten hinab, um dort verborgene Korrespondenzen zwischen den Dingen freizulegen. Dadurch aber streift die Oberfläche ihren Fragmentcharakter wieder ab: »in dem Einzigartigem ist das ›Typische‹ enthalten, das flüchtige Element enthält das ›Wesentliche‹. Es existiert keine ontologische Rangordnung dieser Fragmente, die dem Beobachter die Aussage erlauben würde, daß eines bedeutsamer sei als das andere. Jedes Fragment, jede gesellschaftliche Momentaufnahme schließt in sich die Möglichkeit ein, den ›ganzen Sinn des Weltganzen‹ zu enthüllen.«[113] Das ist die Verkehrung der Nietzsche'schen Philosophie um 180 Grad. Ging Nietzsches Intention – mindestens in den Frühschriften – dahin, den Schein der Ordnung in den Dingen zu destruieren und den Nachweis eines »Scheins ohne Deckung« (Walter Schulz) zu führen, so sucht

Simmel nach dieser Deckung in der Tiefenschicht. Bewiesen, d. h. durch Gründe gerechtfertigt, wird sie nicht, nur behauptet, gesetzt als nicht gesetzt. Das ist der Impuls der Simmel'schen Philosophie, Simmels Intuition. Und die Form, in der sie sich ausspricht, ist der philosophische Essay, ist ein reflektierend-zergliederndes Denken, das vor Metaphern, Analogien und Bildern nicht zurückschreckt. »Es ist ein Prinzip der Philosophie, daß von jedem Punkte aus ein Senkblei in die letzten Gründe zu fällen ist«, heißt es noch in Simmels Logik-Vorlesung von 1914 (Simmel 1914, 226; GA 21, 995).

Beispiele für die Vertiefung in Oberflächenerscheinungen gibt Simmel in Artikeln, die er für die Münchener Wochenschrift *Jugend* geliefert hat. Eine Artikelfolge trägt den Titel »Momentbilder sub specie aeternitatis« – ein programmatischer Titel.[114] In kurzen Prosaskizzen, Essays und Glossen spießt Simmel Alltäglichkeiten auf. Menschliches – Allzumenschliches, um darin, darunter oder dahinter Allgemeines deutlich werden zu lassen. Nichts ist hier freilich neu in dem Sinne, dass es bislang noch nicht andernorts, in den großen theoretischen Arbeiten etwa gesagt worden wäre. Nur erscheint es nun gleichsam pointierter, vom theoretischen Ballast befreit. So erzählt Simmel z. B. eine Anekdote aus der Schulzeit seines Sohnes Hans. Die »anderen« Jungen haben ein Bein des Katheders durchgesägt, sodass es unter der Last des Lehrers zusammenbricht. Dazu der Sohn: »Ja weißt Du, Vater, eigentlich hätt ich's auch gern gethan, denn ich kann den Lehrer nicht leiden; aber dann dacht' ich mir, es wäre doch eigentlich sehr gemein, und wenn's doch einmal geschehen sollte, na, dann wollt' ich wenigstens nicht mit daran schuld sein.« Das führt Simmel zu der grundsätzlichen Reflexion: »Ist das nicht vielleicht eine tiefere Formel für alle Moral, als Mandeville und Helvetius aufgefunden haben? Gegen das böse Thun, als eigenes Thun, hätte man gar nichts einzuwenden; aber wenn es dann so abscheulich aussieht – nein, daran möchte man doch nicht mit schuld sein. Die Dinge mögen noch so toll und unmoralisch laufen, das nimmt man ruhig hin; aber die Andern sollen es gethan haben, die eigene Seele will man salvieren. Sollte Moral etwa auf die Schadenfreude hinauslaufen, daß es in der Welt frevelhaft und drüber und drunter zugeht, und daß man dabeistehen kann und sagen: *ich* kann doch nicht dafür, *ihr* seid's gewesen, *meine* Schuld ist es nicht? Sollte Moral, so könnte ein Nietzscheaner fragen, sollte Moral etwa – Bosheit sein?« (Simmel 1899, 92; GA 17, 382)

An ähnlichen Beispielen demonstriert Simmel das Wesen der Faulheit, die nur ein anderer Ausdruck für die kultur- und zivilisationsgeschichtliche Notwendigkeit der »Kraftersparnis« sei, oder der Koketterie, deren grundsätzliche Züge Simmel anlässlich eines geselligen Gesprächs eine Freundin äußern lässt: »Denn wenn dieses Spiel zwischen Gewähren und Versagen Koketterie ist – verhält sich denn Gott und die Welt zu uns anders? Locken uns die Dinge nicht weiter und weiter, um uns schließlich ihr Letztes doch nicht zu gewähren? Gönnen sie uns nicht ihren Duft und Schleier, aber gerade nur genug, daß wir nicht von ihnen lassen können? Sieht uns das Dasein nicht auch so halb abgewandt an, mit einem Versprechen, das es nicht einlöst und gegen das wir doch wie blind und verzaubert unser Ganzes einsetzen? Schön, ich kokettiere. Aber wie kann mir das der Philosoph verdenken, der es doch immer der Seele als ihr Höchstes vorschreibt, die Form des Alls in sich abzuspiegeln?« (Simmel 1901, 672; GA 17, 415 f.) Momentbilder *sub specie aeternitatis* – Bilder, Analogien und Symbole. Die Momentaufnahme eines Gesprächs, in der die Koketterie zum Symbol der ganzen Welt, unseres Verhältnisses zu den Dingen und unserer sozialen Beziehungen wird. Im Einzelfall deckt Simmel das Allgemeine auf, das »plötzlich« vor uns steht.

Plötzlichkeit als Ideal. Auch hier schwingt der Zeitgeist mit, bewegt sich Simmel synchron mit den avanciertesten Theorien. Bergson spricht mit Bezug auf die Intuition von der Plötzlichkeit; den Physiker und Philosophen Ernst Mach, für den alles Empfindung ist, bewegt die »Evidenz im Augenblick« (Manfred Sommer), und der frühe Lukács rühmt gar »die blitzartigen Erkenntnisse, die mit der Kraft der Intuition ins Wesen eines Menschen oder einer Frage hineinleuchten [...]«[115]. Karl Heinz Bohrer hat der Kategorie der »Plötzlichkeit« eine ganze Essaysammlung gewidmet und darauf hingewiesen, dass seit dem frühromantischen Denken und wahlverwandten Überlegungen bei Kleist die »Akte des Erkennens als ein Ereignis, ein plötzlich sich seiner selbst inne werdendes Ereignis« verstanden werden.[116] Kierkegaard und Nietzsche haben dieses Denken aufgegriffen und »das ›Plötzliche‹ als zentrale Anschauungskategorie des modernen Bewußtseins diagnostiziert«[117]. Und in den Literaten der Moderne, etwa bei Proust, Joyce oder Musil, findet es seine poetische Fortsetzung.

Derselben Denkhaltung, die Bohrers historische Rekonstruktion deutlich macht, begegnet man bereits bei Simmel, wiederum in einem kleinen Beitrag für die *Jugend.* Interessant daran ist vor allem die leise mitschwingende Ansicht vom defizienten Modus der Philosophie. Im Vergleich zur Kunst und zum poetischen Bild kommt sie immer erst später und bedarf mühseliger Reflexionen dessen, was die Kunst »schlagartig« zeigt.

Simmel lässt einen Kutscher die Geschichte eines abgebrannten Hauses erzählen, in dem sich »vor langer Zeit« eine Tragödie abgespielt hat. Ihr Personal: ein alternder Schmied, dessen schöne, junge Frau und ein Geselle, dessen Fehler einzig darin besteht, besser zu sein als sein Meister. Der Schmied und seine Frau beschließen, den Gesellen unschädlich zu machen, ohne ihn töten zu müssen, und kommen auf die Idee, ihm die Augen auszustechen. »Und so geschah's. Der Meister nahm ein spitzes Eisen und ganz leise traten sie an sein Bett, die Frau mit der Leuchte, die sie mit der anderen Hand verschattete. ›Nur zu!‹ wisperte sie und mit aller Kraft stieß der Mann in das Auge des Schlafenden. Da schlug der Geselle das andere Auge auf und sah die Frau an. Und in dem Blick lag so viel Schmerz und Liebe, daß die Frau entsetzt aufschrie und die Fackel wegwarf. Sie fiel in das Stroh des Bettes, das augenblicklich Feuer fing. Im Nu stand das Zimmer in Flammen und alle drei gingen elend in ihnen unter und in dem ausgebrannten Hause fand man kaum noch eine Spur von ihnen.« Soweit die Geschichte des Kutschers. Für Simmel aber hat sie eine weitergehende Bedeutung. In ihr steckt ein »Verhängniß«, das Simmel selbst betraf. »Ich glaubte damals«, so fährt er fort, »ich wäre ein Dichter. Und hier wurde mir ein Stoff entgegengebracht, der das Dichtwerk in sich trug, wie die gespannten Energien im Pulver seine Explosion. Aber wie ich es auch angriff, ich konnte dies in einer Sekunde zusammengefasste Schicksal nicht zu einem Kunstwerk entfalten. Immer wieder überwältigte mich das Bild der Frau, der in dem Augenblick, wo sie ihren Feind vernichtet, dessen Liebe entgegenschlägt und ihr erst ihr eigenes Gefühl enthüllt, das sich bisher in Haß verkleidet hatte – wo die Flamme, die ihre Seele ergreift, als Flamme, aufzuckt, die ihren Körper verzehrt. Immer fühlte ich diesen grausamen Augenblick, in dem sich Hölle und Himmel in ihrem Herzen begegneten, er hielt mich fest, daß ich nicht über ihn hinauskonnte, seine Wirrniß nicht in die Schönheit eines bloßen Bildes zu stellen. Wie eine geschlossene feindliche Macht stand er mir gegenüber, die ich nicht auflösen konnte, um aus ihren Kräften ein Kunstgebilde zu formen. Da sah ich: *Die Wirklichkeit ist zu stark für mich* – ich war kein Dichter – kein Dichter!« (Simmel 1900, 828; GA 17, 402)

Nein, aus Simmel wurde bekanntlich kein Dichter, sondern ein Philosoph – einer, der die Kunst um ihre Möglichkeiten beneidet. Auch das hat Tradition. Vielleicht steht Schelling am Anfang, dessen *System des transzendentalen Idealismus* die Kunst als Organon der Philosophie feiert, am Ende bisher Adorno, für den die Kunst ebenfalls Richtung und Ziel der Philosophie vorgibt. Von Adorno stammt auch der Gedanke, dass Kunst Wahrheit im sinnlichen Medium präsentiert, zugleich aber der Philosophie bedarf, um sie zur Sprache zu bringen – jedoch immer erst später, in Akten reflektierender Vergegenwärtigung. »Jedes Kunstwerk bedarf, um ganz erfahren werden zu können, des Gedankens und damit der Philosophie, die nichts anderes ist als der Gedanke, der sich nicht abbremsen läßt.«[118] Anders formuliert: »Kunst geht auf Wahrheit, ist sie nicht unmittelbar: insofern ist Wahrheit ihr Gehalt. Erkenntnis ist sie durch ihr Verhältnis zur Wahrheit; Kunst selbst erkennt sie, indem sie an ihr hervortritt. Weder jedoch ist sie als Erkenntnis diskursiv noch ihre Wahrheit die Widerspiegelung eines Objekts.«[119]

Kunst intermittiert in die Wirklichkeit, deren Wesen sie schlagartig, in einem »poetischen Bild« (Simmel) anschaulich macht. Und sie braucht die Philosophie, die Ästhetik, um aus ihrer Stummheit befreit zu werden. Dennoch markiert die Kunst den Ort, zu dem Philosophie nur in mühseligen Akten vordringt. Das ist nicht erst Adornos Einsicht, sondern bereits bei Simmel gedacht. Kurzgeschlossen werden beide, Kunst und Philosophie, in dem bereits zitierten Artikel »Über Geschichte der Philosophie«, wo Simmel das Wesen der Philosophie definiert: »Ist das Kunstwerk ein Stück Welt, gesehen durch ein Temperament, so ist Philosophie das Ganze der Welt, gesehen durch ein Temperament, ein état d'âme, wie man es von der Landschaft gesagt hat.« (Simmel 1984, 37; GA 7, 284) Beide benötigen sich wechselseitig, der Teil und das Ganze, weil das Ganze erst in seinen

Teilen durchsichtig wird und der Teil erst in seinen Verbindungen mit anderen Teilen verborgene Korrespondenzen aufweist.

9. Das Leben der Form

Zeitlebens hat sich Georg Simmel mit ästhetischen Fragestellungen und Problemen beschäftigt, hat er künstlerische Persönlichkeiten studiert und Werkanalysen vorgelegt. Seine erste gedruckte Arbeit nach der Dissertation heißt *Psychologische und ethnologische Studien über Musik* (1882), worauf Essays über »Dantes Psychologie« (1884), über Goethe, Michelangelo und Rembrandt folgen. Mit sicherem Gespür hat er zudem auf die künstlerischen Zäsuren und Umbrüche der eigenen Zeit reagiert und hat – in den 1890er Jahren zumindest – Hauptmanns naturalistisches Programm wie Böcklins Impressionismus gleichermaßen gewürdigt. Zugleich durchbricht er die Schranken der traditionellen Ästhetik, die sich seit Hegels Vorlesungen zur Ästhetik als Philosophie der Kunst verstanden hatte, indem er ästhetische Landschaftserfahrungen beschreibt, Städteporträts entwirft (»Alpenreisen«, 1895; »Rom«, 1898) sowie Reflexionen über das Kunstgewerbe anstellt.

Mit Recht ist von einigen Simmel-Interpreten darauf hingewiesen worden, dass die soziologische Grundkonzeption der *Philosophie des Geldes* wie der *Soziologie* letzten Endes auf ästhetischen Voraussetzungen basiert, dass Simmel die soziale Welt eher aus der statischen Perspektive des passiven Beobachters betrachtet als aus der dynamischen Perspektive des aktiven Schöpfers.[120] Nicht nur in der Beschreibung sozialer Zusammenhänge tritt Simmel als »Beobachter« auf, der die Schopenhauer'sche

Kategorie der ästhetischen Kontemplation mit der Tätigkeit des Soziologen vermittelt, sondern auch in der Darstellung einer möglichen Antwort auf den Zustand der Entfremdung. Der Begriff der »Geselligkeit«, den Simmel ästhetisch als Form einer »schönen Gemeinschaft« ausdeutet, hat dies gezeigt. Dennoch wirkt der ästhetische Impuls in Simmels Schriften bis in die Zeit der *Soziologie*, also bis 1908, nur untergründig. Mag der Subtext seiner Arbeiten auch durch eine Ästhetik strukturiert sein, so ist diese selbst jedoch an keiner Stelle deutlich expliziert. Es bleibt bei Hinweisen, bei Beispielen und Analogien.

Einen präzisen systematischen Ort erhält die Ästhetik erst in Simmels lebensphilosophischer Phase, im letzten Jahrzehnt seines Schaffens. Es fällt auf, dass ihr Gebiet wieder auf die Kunst zurückgenommen und Ästhetik nun als Philosophie der Kunst betrieben wird. »Simmels gesamte Kunstphilosophie« sei, so hat es Emil Utitz gesehen, »ihrer Tendenz nach metaphysisch, so viele und reiche psychologische oder rein kunstwissenschaftliche Ergebnisse sie auch zeitigen mag«[121]. Denn immer gehe es Simmel um *einen* Grundgedanken, den er von verschiedenen Seiten und mit Blick auf unterschiedliche Künstlerpersönlichkeiten beleuchte: das Wechselspiel von Leben und Form. »Auch wo er andere Künstlerpersönlichkeiten eingehender behandelt, sind ihm diese in erster und letzter Linie Objektivierungen seiner eigenen Geistigkeit, seines Lebens- und Weltverhältnisses in der Sphäre der Kunst, in ihrer Wirklichkeitsschicht. Darum sind ihre Werke ihm Beispiele, Bestätigungen seiner Problemstellungen und Problemlösungen.«[122] Mit Blick auf Simmels Schriften aus dem letzten Lebensjahrzehnt ist das völlig zutreffend. Wenn Simmel Porträts von Michelangelo und Rembrandt, von Goethe und George, von Böcklin und Rodin verfasst, dann illustriert er darin zugleich seine eigene Lebensphilosophie.

Eingeschlossen in den Dualismus von Leben und Form, der das Spätwerk prägt, ist auch die Kunst. Während das Leben von Simmel als ständiges Werden und rastloses Strömen begriffen wird, stellen die Formen sozusagen den ruhenden Pol dar. Sie sind die Objektivationen, die der Fluss des Lebens aus sich herausgestellt hat. Einmal geschaffen, dauern sie, führen ein vom Lebensprozess abgetrenntes Eigenleben. Ihr Gebiet reicht, hier schließt sich Simmel durchaus der Dilthey'schen Einschätzung an, »von dem Stil des Lebens, den Formen des Verkehrs zum Zusammenhang der Zwecke, den die Gesellschaft sich gebildet hat, zu Sitte, Recht, Staat, Religion, Kunst, Wissenschaften und Philosophie«[123].

Bereits in dem schon erwähnten Essay »Der Begriff und die Tragödie der Kultur« (1911/12) hat Simmel auf den Dualismus von Leben und Form hingewiesen. »Dem vibrierenden, ins Grenzenlose hin sich entwickelnden Leben der in irgend einem Sinne schaffenden Seele steht ihr festes, ideell unverrückbares Produkt gegenüber, [...].« (Simmel 1919, 228; GA 14, 390) Dieses Produkt, die Form bzw. Objektivation, hat als »unser Werk« »nicht nur eine objektive Existenz und ein Eigenleben, die sich von uns gelöst haben, sondern es enthält in diesem Selbstsein – wie von Gnaden des objektiven Geistes – Stärken und Schwächen, Bestandteile und Bedeutsamkeiten, an denen wir ganz unschuldig sind und von denen wir selbst oft überrascht werden.« (245; GA 14, 407) Die Tragik des Lebens, das sich zur Kultur steigert, besteht für Simmel darin, dass es genötigt ist, sich in dauernden Formen zu objektivieren, die dann ein von ihm separiertes Eigenleben führen, dass es zugleich aber niemals ganz in diesen Formen unterkommen kann, ja dass es sie immer wieder transzendieren muss. Als Beispiele hierfür nimmt er etwa die »übermäßige Spezialisierung« »auf allen Arbeitsgebieten« (248; GA 14, 410), den Fetischcharakter der Ware und den »innere[n] Zwangstrieb aller Technik« (246; GA 14, 408 f.), wodurch in der Gegenwart die vertrackte Situation entstehe, dass sich die Mittel – die ursprünglichen Objektivationen – über die Zwecke verselbständigten und nun die Menschen unter ihr Diktat nähmen. »So kann etwa«, folgert Simmel aus dem Wesen der modernen Technik, »die industrielle Herstellung mancher Fabrikate die von Nebenprodukten nahelegen, für die eigentlich kein Bedürfnis vorliegt; allein der Zwang, jene einmal geschaffenen Einrichtungen voll auszunutzen, drängt darauf; die technische Reihe fordert von sich aus, sich durch Glieder zu komplettieren, deren die seelische, eigentlich definitive Reihe nicht bedarf – und so entstehen Angebote von Waren, die erst ihrerseits künstliche und, von der Kultur der Subjekte her gesehen, sinnlose Bedürfnisse wachrufen.« (246 f.; GA 14, 408 f.)

Zusammengefasst hat Simmel diesen tragischen Konflikt der Kultur schließlich in Sätzen, die die Kultur als fortgesetzten und unabschließbaren Prozess der Entfremdung festschreiben: »Denn als ein tragisches Verhängnis – im Unterschied gegen ein trauriges oder von außen her zerstörendes – bezeichnen wir doch wohl dies: daß die gegen ein Wesen gerichteten vernichtenden Kräfte aus den tiefsten Schichten eben dieses Wesens selbst entspringen; daß sich mit seiner Zerstörung ein Schicksal vollzieht, das in ihm selbst angelegt und sozusagen die logische Entwicklung eben der Struktur ist, mit der das Wesen seine eigene Positivität aufgebaut hat. Es ist der Begriff aller Kultur, daß der Geist ein selbständig Objektives schaffe, durch das hin die Entwicklung des Subjektes von sich selbst zu sich selbst ihren Weg nehme; aber eben damit ist jenes integrierende, kulturbedingende Element zu einer Eigenentwicklung prädeterminiert, die noch immer Kräfte der Subjekte verbraucht, noch immer Subjekte in ihre Bahn reißt, ohne doch diese damit zu der Höhe ihrer selbst zu führen: die Entwicklung der Subjekte kann jetzt nicht mehr den Weg gehen, den die der Objekte nimmt; diesem letzteren dennoch folgend, verläuft sie sich in einer Sackgasse oder in einer Entleertheit von innerstem und eigenstem Leben.« (Simmel 1919, 249; GA 14, 411) Simmel hat an diesem Grundgedanken des tragischen Konflikts der Kultur und seiner letzten Endes anthropologischen Grundlage bis ans Ende seines Lebens festgehalten. Noch sein letztes Buch, das Testament *Lebensanschauung* (1918), greift ihn wieder auf, präzisiert und verfolgt ihn durch die verschiedensten Lebensgebiete hindurch.

Wo steckt nun aber der systematische Ort der Kunst in dieser tragischen Weltsicht? Welche Rolle spielt sie als spezifische Form? Wie gestaltet sich ihre Beziehung zum Leben?

An verborgener Stelle und zu anderer Gelegenheit, in dem Essay »Das Christentum und die Kunst« (1907), hat Simmel einmal die Hauptzüge seiner Ansicht von der Kunst knapp umrissen. Dort heißt es: »Sie [die Kunst, W. J.] ist das Andere des Lebens, die Erlösung von ihm durch seinen Gegensatz, in dem die reinen Formen der Dinge, gleichgültig gegen ihr subjektives Genossen- oder Nichtgenossenwerden, jede Berührung durch unsere Wirklichkeit ablehnen. Aber indem die Inhalte des Seins und der Phantasie in diese Distanz rücken, kommen sie uns näher, als sie es in der Form der Wirklichkeit konnten. Während alle Dinge der realen Welt in unser Leben als Mittel und Material einbezogen werden können, ist das Kunstwerk schlechthin für sich. Aber all jene Wirklichkeiten behalten dabei eine letzte, tiefe Fremdheit gegen uns; und selbst zwischen unserer Seele und der des andern findet unsere Sehnsucht des Nehmens und des Gebens eine hoffnungslose Unüberbrückbarkeit. Das Kunstwerk allein kann ganz unser werden, in seine Form gegossen ist allein eine Seele uns ganz zugängig: indem es mehr für sich ist, als alles andere, ist es mehr für uns als alles andere.« (zit. nach Simmel 1984, 120 f.; GA 8, 265) Das klingt ganz wie eine Kompilation der Argumente aus der ästhetischen Tradition – und ist es wohl auch: Simmel denkt, ganz im Sinne der deutschen Klassik und paralleler Überlegungen des deutschen Idealismus, das Kunstwerk als autonomes Gebilde, als in sich geschlossenen und abgerundeten Gegenstand. Sein Wesen ist, »ein Ganzes für sich zu sein, keiner Beziehung zu einem Draußen bedürftig«; es ist »eine Welt für sich«, die in der »Distanz« zu uns steht; »Distanz und Einheit, Antithese gegen uns und Synthese in sich«, wie Simmel in seinem Versuch über den Bildrahmen sagt, der den Rahmen als Grenze und Abschluss des Werkes vorstellt (vgl. Simmel 1922, 46 f.; GA 7, 101 f.). Das Werk als etwas Selbstzweckhaftes, Selbstgenügsames, das in keiner Relation zu den Zweck-Mittel-Beziehungen des Lebens besteht, impliziert weiter, dass wir uns ihm nur mit »interesselosem Wohlgefallen« (Kant) bzw. kontemplierend (Schopenhauer) nähern können. Dennoch schließt sich uns in der Kontemplation etwas auf, nämlich der Gehalt des Werkes, der – einmal erkannt – »für uns« dann einen Besitz, einen Gewinn, darstellt, mit dem bereichert wir schließlich unser Leben weiterführen.

Radikaler noch als der deutsche Idealismus – und sichtlich beeinflusst von der zeitgenössischen L'art-pour-l'art-Bewegung – vertritt Simmel den Autonomiegedanken der Kunst. Ja, er polemisiert in dem Exkurs »Was *sehen* wir am Kunstwerk?« seiner Rembrandt-Monografie (1916) ausdrücklich gegen die Hegel'sche Ansicht vom »sinnlichen Scheinen der Idee«. Das Kunstwerk verweise auf keine substanziellere Wirklichkeit, sei mithin weder Abbild noch Mimesis von etwas, das außerhalb ihrer selbst läge, sondern sei »das absolut Andere« der Wirklichkeit und des Lebens. »Es kann die Wirklichkeit gar nicht in sich hineinnehmen, weil es ja schon die völlig abgeschlossene, nach ihren eigenen Gesetzen völlig selbstgenügsame, jede andere deshalb prinzipiell von sich ausschließende Anschauung eben desselben Inhalts ist, der als ›Wirklichkeit‹ eine nicht mehr und nicht weniger selbstgenügsame Anschauung geworden ist.« (Simmel 1985, 191; GA 15, 501) Das Kunstwerk ist das absolut Andere des Lebens, weil und insofern es Form ist. Untergründig und von Simmel verschwiegen wirkt hier gewiss noch der neukantianische Begriff der Form nach, der darin etwas zeitlos Geltendes (Form als Geltungsform) gesehen hat. Aus dem Leben hervorgegangen und aus ihm herausgetreten als formgewordener »Erlebnisausdruck« eines Schöpfers (Dilthey), rückt das Werk in eine andere Sphäre, in das Gebiet der zeitlos geltenden Formen auf. Als solches ist es dann etwas vom Leben Geschiedenes, etwas, das weder mit einem materiellen Substrat – einer zugrunde liegenden Wirklichkeit – noch mit psychologischen Daten – Erlebnissen des Schöpfers oder auch des Rezipienten – identisch ist. Radikale Autonomie bedeutet Absolutheit, völlige Unabhängigkeit.

Dies in einer Zeit zu fordern, da längst die verschiedenen Avantgarden den autonomen Status der Kunst unterhöhlt haben[124] und Simmel selbst angesichts des Expressionismus die Problematik seiner Kunstanschauung mindestens geahnt hat (vgl. Simmel 1918a, 18 f.; GA 16, 190 f.), wirkt mindestens anachronistisch. Doch besteht die Problematik der Simmel'schen Theorie weniger in Simmels konservativem Geschmack oder in seinen ästhetischen Vorlieben für den Impressionismus[125] als in ihrer eigenen immanenten Logik. Denn die radikale Forderung der Autonomie des Kunstwerks verlangt zunächst einmal die vollständige Orientierung der Ästhetik am Werk selbst, verlangt die Reflexion des Werks als Form ohne die neben- und beigeordneten Beziehungen des Werks zum Produzenten wie zum Rezipienten. Auch hier knüpft Simmel durchaus an eine Tradition an, die mit dem Namen Schellings verbunden ist und die das Universum in Gestalt der Kunst, eben als Form, konstruieren wollte.[126]

Georg Lukács schließlich, für einige Jahre ebenso gelehriger Schüler Simmels wie des südwestdeutschen Neukantianismus, hat dann zu Habilitationszwecken in gleich zwei Anläufen den Versuch einer werttheoretischen, den Begriff der Form in den Mittelpunkt rückenden Ästhetik unternommen. Er ist Fragment geblieben und zudem, wie es der späte Lukács rückblickend sieht, völlig gescheitert; eine Einschätzung, die seinerzeit – obgleich milder formuliert – schon der gutachtende Heinrich Rickert wie auch Max Weber geäußert haben.[127] Weber z. B. sprach nach der Lektüre der ersten Kapitel von Lukács' Arbeit davon, dass es zwar »eine Wohltat« sei, endlich »das ›Werk‹ als solches zu Worte« kommen zu lassen, monierte aber zugleich etwas »Unerledigte[s]« darin.[128]

Dieses »Unerledigte« ist auch bei Simmel spürbar und bezeichnet ein ungelöstes theoretisches Problem. Konsequenter als Simmel hat hier freilich wiederum der Schüler argumentiert. Bei seinem Versuch, die Ästhetik auf das autonome Werk als einzige Kategorie zu orientieren, mithin auf die ästhetische Form, die kategorial unbetroffen sein soll von der Erlebniswirklichkeit des Produzenten wie des Rezipienten, ist Lukács immer wieder an genau diese beiden Erlebniswirklichkeiten gestoßen. Sie bezeichnen die Aporie, in die sich die Autonomieästhetik gebracht hat. Denn über das Werk selbst lässt sich, wenn man die zugeordneten Sphären des Produzenten und Rezipienten außer Acht lässt, kaum mehr sagen, als dass es eben Kunstwerk ist. Bekanntlich hat Lukács später eine Neuorientierung zunächst bei der Hegel'schen Geschichtsphilosophie, dann im Marxismus gesucht, um das »Unerledigte« endlich in den Griff zu bekommen.

Auch das Unerledigte bei Simmel hat genau hier, in der Problematik des Autonomiepostulats seine Ursache, wenngleich es weniger deutlich zutage tritt, da Simmel nirgends eine systematische Ästhetik hinterlassen hat. Er will eine »fundamentale Theorie des Kunstwerks«[129] entwickeln, die jedoch, um nicht gänzlich abstrakt zu bleiben, ständig einer Anreicherung durch das bedarf, was eigentlich und kategorisch doch ausgeschlossen ist: den Rückgriff auf die Psychologie, auf die Historie und insgesamt gesellschaftliche Zusammenhänge. Ausdrücklich kritisiert Simmel noch in einer späten Arbeit von 1917, in der Rezension des Goethebuchs von Friedrich Gundolf, den Dilthey'schen Psychologismus, dem er »Halbklarheit« vorwirft. Dilthey bleibe, so Simmel weiter, »bei dem ›Erlebnis‹ stehen, statt bis in das ›Leben‹ als reine, aber in jedem Wesen in jedem Augenblick individualisierte Form zu dringen« (Simmel 1917, 256; GA 13, 233). Doch dieselbe »Halbklarheit« in den theoretischen Grundannahmen kann man auch bei Simmel selbst feststellen. Einerseits nämlich wird in den großen Künstlermonografien, in Simmels wesentlichen Beiträgen zur Ästhetik, das theoretisch geforderte Autonomiepostulat dadurch zurückgenommen, dass Simmel die Kunstwerke als Antworten und Stellungnahmen zum Ganzen des Lebens entziffert. Andererseits benutzt er dazu ständige Rückgriffe auf das Arsenal der Hilfswissenschaften (Psychologie und Geschichtswissenschaft), um diese künstlerischen Antworten allererst zu motivieren. Das verleiht am Ende dann den Simmels'chen Beiträgen zur Ästhetik, seinen kunstphilosophischen Reflexionen, etwas schillernd Zweideutiges.

Dazu drei Beispiele: Rembrandt – Goethe – George.

Simmels Interesse an Rembrandt reicht bis in seine frühen Jahre zurück. Schon 1890 rezensiert er das reaktionäre Elaborat von Julius Langbehn, *Rembrandt als Erzieher*, das Rembrandt als Musterbeispiel preußischer Tugenden vorführt, ja sogar »zum Futteral völkischer Weisheiten« erklärt (Wyss, in: Simmel 1985, X). Obwohl Simmel den »sprühende[n] Geist« und die »originelle[...] Sprechweise« Langbehns durchaus schätzt, warnt er nachdrücklich vor dessen »einseitige[r] Weltanschauung« und insgesamt vor der »Unklarheit und Unbedeutsamkeit des Inhalts« (Simmel 1890; GA 1, 243). So ist denn Simmels eigene große Rembrandt-Monografie von 1916, der zwei Essays für die Zeitschrift *Logos* von 1914/15 vorangegangen waren, gewiss noch von der Abrechnung mit dem Langbehn'schen Traktat inspiriert. Simmels Absicht ist es, »die seelische ›Intimität‹« Rembrandts zu ergründen – »und diese findet sich allein im Werk« (Wyss, in: Simmel 1985, XX). Deshalb hält er sich ganz an die Werksphäre, vertieft sich in die Interpretationen der Bilder, um von dort aus, »aus der Summe der Ausdrucksbewegungen«, »die Umrisse der ideellen Persönlichkeit« allererst kenntlich zu machen (XX). Dabei bestellt er dann Rembrandt zum Garanten seiner grundsätzlichen Lebensphilosophie, für die »in jedem jeweiligen Erlebnis« »der ganze Mensch« enthalten ist (vgl. Simmel 1985, 2; GA 15, 314). Die künstlerische Persönlichkeit ragt deshalb vor dem Alltagsmenschen heraus, weil es ihr vergönnt ist, das Leben und das Erlebnis Form werden zu lassen. Das Kunstwerk ist für Simmel formgewordener Erlebnisausdruck, gleichsam angehaltenes, fixiertes Leben.

Die besondere Leistung nun der Rembrandt'schen Kunst erkennt Simmel vor allem in dessen Porträts, weil es Rembrandt hier gelungen sei, »in die feste Einmaligkeit des Anblicks das ganze bewegte Leben ein[zutragen], das zu ihr geführt hat, die sozusagen formale Rhythmik, Gestimmtheit, Schicksalstönung des vitalen Prozesses« (Simmel 1985, 7; GA 15, 319). Allgemeiner noch und theoretisch formuliert: Rembrandt vermöge wie alle großen Künstler, »die Einheit von Leben und Form« herzustellen – ein »künstlerische[r] Gewinn dessen also, was dem bloßen Denken ungewinnbar scheint« (70; GA 15, 381). An anderer Stelle notiert Simmel, dass Rembrandt »den Zusammenhang [...] zwischen der Individualität und dem Historisch-Zeitlichen anschaulich gemacht [hat]« (136; GA 15, 446). Ganz ähnlich lauten auch die Einschätzungen von Böcklins Landschaftsmalerei (vgl.

etwa Simmel 1922, 7–16; GA 5, 96–104) oder Rodins Skulpturen (vgl. Simmel 1985, 134 ff.; GA 15, 444–447), die ebenfalls ihre eigene Zeit haben Form werden lassen.[130] Große, klassische Kunst überwinde, so Simmel in Anschluss an Dilthey, die Grenze zwischen Zeitlichkeit und Zeitlosigkeit dadurch, dass sie sich bewusst der eigenen Zeitlichkeit, dem spezifischen Moment im Lebensfluss stelle, um damit aber zugleich in den Rang der Zeitlosigkeit aufzusteigen. Lukács hat später dieses scheinbare Paradoxon in die Formulierung gekleidet, dass das große Werk ein »Schema möglicher Inhaltserfüllung« vorstelle, das jede Zeit und jeder Interpret mit anderen möglichen Deutungen ausfüllen könne.

Deutlich wird hieran auch eine zweite Variante des Formbegriffs. Denn die Kunst als Form ist vor allen anderen Objektivationen menschlichen Lebens deshalb ausgezeichnet, weil sie ein gleichsam authentischer Ausdruck subjektiven Lebens ist, während die anderen Objektivationen aus Zwangslagen, aus dem Zwang zur Kultur, als notwendige institutionelle Absicherungen und Entlastungen zum Zweck der Bestandserhaltung (im Sinne Arnold Gehlens) entstanden sind. Mit den anderen Objektivationen teilt sie zwar die Eigenschaft, ein Eigenleben zu führen, nachdem sie einmal geschaffen worden ist, doch wird das Kunstwerk dadurch nicht etwa zur Bürde im weiteren Lebensprozess, in der Geschichte, sondern vielmehr zum Ort der Versöhnung von Form und Leben.

Die Kunst, das »große« Werk der Literatur, Musik und darstellenden Künste, ist die einzig mögliche Form der Versöhnung von Form und Leben. Sie enthält Antwort, Deutung, Stellungnahme zum Ganzen des Lebens. Das Kunstwerk steht zwar in der Zeit und reagiert auf die Zeit, in der es entstand, es wirkt andererseits aber kontinuierlich weiter. Wir erinnern uns an Simmels Rätselmetapher aus dem Essay »Vom Wesen des historischen Verstehens« (1918): »Eine Schöpfung des Geistes, die verstanden werden soll, kann man einem Rätsel vergleichen, das sein Schöpfer auf ein bestimmtes Lösungswort hin gebaut hat. Findet ein Ratender nun etwa ein zweites, genau so passendes, auf das also das Rätsel, objektiv genommen, mit dem ganz gleichen logischen und dichterischen Erfolge zugeht, so ist es eine ebenso vollkommene ›richtige‹ Lösung wie die vom Dichter beabsichtigte, und diese hat nicht den geringsten Vorsprung vor ihr oder vor all den anderen Losungsworten, die man noch, prinzipiell unbeschränkt, auffinden mag. Hat ein Schöpfungsvorgang erst einmal die Form des objektivierten Geistes gefunden, so sind alle und sehr mannigfaltige Verständnisarten in dem Maße gleichberechtigt, in dem eine jede in sich bündig, exakt, sachlich befriedigend ist.« (Simmel 1984, 72 f.; GA 16, 167) Lukács hat, durchaus im Simmel'schen Geiste, denselben Sachverhalt einmal in die Formulierung gekleidet, dass die großen Werke der Kunst – auf produktive Weise freilich – grenzenlos missverstehbar seien.[131]

Das große Kunstwerk ist für Simmel beides: authentischer Erlebnisausdruck und Ausdruck des Lebens selbst, anschaulich gemachte Objektivation einer spezifischen Situation, die deshalb auch – unbeschadet anderer möglicher Lösungen des Rätsels – als geschichtsphilosophische Chiffre gelesen werden kann. Rembrandts religiöse Kunst etwa kann als Antwort auf eine Krise des Menschen gesehen werden, dem die verbindlichen Orientierungen geschwunden sind. »Bei den religiösen Gestalten Rembrandts wird die Frömmigkeit jedesmal von neuem aus dem letzten Grund jeder Seele heraus erzeugt, die Menschen sind nicht mehr in einer objektiv frommen Welt, sondern in einer objektiv indifferenten Welt sind sie als Subjekte fromm.« (Simmel 1985, 146; GA 15, 455 f.) Damit rückt Simmel Rembrandt ganz an die Erfahrungen seiner eigenen Gegenwart heran, deutet dessen Kunst als immer noch gültigen Ausdruck eines perennierenden Zustands, der »transzendentalen Heimatlosigkeit« (Johann Gottlieb Fichte) des modernen Menschen.

Ähnlich argumentiert Simmel auch mit Blick auf Goethe, dessen Leben und Werk ihn während seines gesamten Lebens beschäftigten und dem er 1913 eine Monografie widmete, die neben dem Rembrandt-Buch zu seinen wirkungsvollsten Arbeiten zählt. Schon der früheste Goethe-Artikel, der Essay »Einige Bemerkungen über Goethes Verhältnis zur Ethik« (1888), zeichnet die Grundlinien vor, auf denen sich dann die spätere Monografie bewegen wird. Goethe erscheint darin als »ein ewiges Muster«, weil in ihm »die *formale* Geschlossenheit, die Reife und innere Befriedigung seiner Weltanschauung« zum Ausdruck kommen (Simmel 1888, 101; GA 1, 216). Ja, weitergehender noch, erscheint Simmel die Goethe'sche Weltanschauung selbst als »ein Kunstwerk« (102; GA 1, 216). Was hier in knappen Umrissen aufscheint, führt die Monografie detaillierter aus. Dabei will Simmel jedoch weder eine Biografie Goethes noch eine literarhistorische Analyse seines Werkes schreiben, vielmehr fragt er nach dem »geistige[n] Sinn der Goetheschen Existenz überhaupt« (vgl. Simmel 1913, V; GA 15, 9). Er will »das ›Urphänomen‹ Goethe«, das Genie schlechthin begreifen. Diese ursprüngliche Genialität besteht vor allem darin, dass Goethes Werk »in jedem Augenblick der unmittelbare Pulsschlag seines Lebens« (Simmel 1913, 8; GA 15, 20) ist, dass sein Schaffen »von dem Erleben nicht getrennt [war], weil schon sein Erleben ein Schaffen war« (19; GA 15, 31). Das Genie Goethe erlebt, so Simmel, sein ganzes Leben *sub specie formae*; das Leben selbst drängt zur Kunst, wird im Genie zur künstlerischen Form, die das Apriori all dessen ist.

Goethe wird damit für Simmel zugleich zum heimlichen Gegenspieler Kants, die künstlerische Weltanschauung zur Kehrseite des Rationalismus. Während Kant nämlich dem Gedanken der Beherrschung von Welt und Natur durch die Vernunft Geltung verschafft und zumindest implizit auch der Zweckrationalität (vgl. etwa Simmel 1906, 70; GA 10, 165), erlebt Goethe die Welt unmittelbar, drückt sich bei ihm ein spontaner Vitalismus aus. Für Kant ist »die wissenschaftliche Erfahrung mit der Allgleichheit ihrer Gesetze [...] der Rahmen, der alle Inhalte des Daseins in *eine* Form: die der verstandesmäßigen Begreifbarkeit, zusammenfaßt« (Simmel 1906, 9; GA 10, 125). Bei Goethe auf der anderen Seite handelt es sich »immer nur um eine *unmittelbare* Äußerung seines Weltgefühls; er fängt es nicht erst in dem Medium des abstrakten Denkens auf, um es darin zu objektivieren und eine ganz neue Existenzart zu formen, sondern sein unvergleichlich starkes Empfinden der Bedeutsamkeit des Daseins und seines inneren Zusammenhanges nach Ideen treibt seine ›philosophischen‹ Äußerungen hervor wie die Wurzeln die Blüte.« (Simmel 1906, 10; GA 10, 126) Kant und Goethe – das bedeutet die Polarität von Philosophie oder Kunst, Rationalität oder Anschauung, Abstraktion oder Intuition. Alles in allem: Herrschaft der logischen Form oder der künstlerischen Form.

Wenn auch Simmel am Ende seines schmalen Bändchens *Kant und Goethe* (1906) unter Bezug auf die eigene Gegenwart beide Weltbilder noch für gleichberechtigt hält und für eine die »*Einseitigkeit* der Größe« (71; GA 10, 165) überwindende Synthese plädiert, lässt die Goethe-Monografie von 1913 dann keinen Zweifel mehr darüber aufkommen, dass Simmels Sympathien im letzten Jahrzehnt seines Schaffens eindeutig auf Seiten Goethes liegen. Denn dessen Denken werde »nicht aus sich selbst, nicht in der Reflexion auf sich selbst« erzeugt, sondern erhalte »seine Inhalte durch den Naturprozeß des Lebens« zum Geschenk (vgl. Simmel 1913, 47; GA 15, 58). »Die große Synthese der Goethe'schen Weltanschauung kann man damit charakterisieren: daß die Werte, die das Kunstwerk als solches konstituieren, mit der Welt des Wirklichen durchgehende, formale und metaphysische

Gleichheiten und Einheitlichkeiten besitzen.« (97; GA 15, 107) In einer Passage am Ende des Buches, die so etwas wie eine gedrängte Zusammenfassung von Simmels Goethe-Bild enthält, geraten Simmels Formulierungen nicht nur zu einer Apologie von Goethes Genius, sondern weitergehender noch zu einer Apotheose des Künstlertums schlechthin: »Seine Art der Naturverehrung, die Überzeugtheit von dem sichtbaren Einwohnen in der Erscheinung, die ›Anschaulichkeit‹ seines Denkens, die Bedeutung der ›Form‹ in seinem Weltbild, die Leidenschaft für Harmonie und Abgerundetheit des theoretischen wie des praktischen Daseins – alles dies sind, namentlich in ihrem Zusammenkommen, Bestimmtheiten der seelischen Existenz nach dem Apriori des Künstlertums; es ist das ›Urphänomen‹ zu seinen Lebensphänomenen, daß er Künstler ist.« (255; GA 15, 261)

Goethe – das ist der Künstler schlechthin, die geniale Persönlichkeit, in der das Leben zur Kunst geworden ist, wo mithin die Versöhnung von Form und Leben stattgefunden hat. Hier zeigt sich noch ein weiterer Aspekt der Simmel'schen Ästhetik, der in der Monografie über Rembrandt nur untergründig gewirkt hat: die Apologie der künstlerischen Produktivität. Nicht mehr das einzelne Werk oder die Werksphäre stehen im Vordergrund der Argumentation, sondern die Persönlichkeit des Schöpfers selbst. Das Genie, dessen Tätigkeit dem Leben Form verleiht, es in der Kunst erlöst, wird von Simmel als Alternative zu einem entfremdeten Leben angerufen. Damit erhalten wir auch eine Antwort auf den »tragischen Konflikt der Kultur«, erhalten wir einen Gegenentwurf zum andauernden Zustand der Entfremdung, den Simmels soziologische und kulturphilosophische Arbeiten seit der *Philosophie des Geldes* gezeichnet haben. Was in Bezug auf das Werk gilt, reklamiert Simmel auch für den Schöpfungsprozess: Die Authentizität ist das Gütesiegel der großen Kunst wie das Qualitätskriterium für künstlerische Produktivität. Beide, das Werk und der produktive Akt, der zu ihm hinführt, sind die Alternativen zum Leben, sind »das absolut Andere« (Simmel 1985, 191; GA 15, 501). Dies nachzuweisen ist freilich Aufgabe des philosophischen Interpreten, da – ganz im Sinne Adornos – die Wahrheit der Kunst erst »des Gedankens und damit der Philosophie« bedarf, um ganz erfahren werden zu können.[132]

Während Goethe für Simmel eine »Ausnahmestellung« zukommt (vgl. Simmel 1917, 255; GA 13, 232), weil er der »größte« Heros deutscher Kultur« (264; GA 13, 243) ist, »Norm und unerreichbares Muster« (Marx) sozusagen, repräsentiert Stefan George die zeitgemäße Form eines »vollkommene[n] Artistentum[s]« (zit. nach Simmel 1922, 39; GA 7, 30). Simmel hat das Werk seines Freundes George in drei Essays gewürdigt. Dabei ist interessant zu beobachten, dass sich nicht nur seine Einschätzung Georges wandelt. Zugleich verschieben sich die Akzente seiner Ästhetik vom Postulat der radikalen Autonomie zur Apologie des Schöpfersubjekts hin.

Im frühesten Essay, »Stefan George. Eine kunstphilosophische Betrachtung« (1898), interpretiert Simmel Georges Lyrik als Ausdruck einer »objektiven Kunst«, in der jedes persönliche Erlebnis getilgt ist. Georges Kunst sei reines L'art pour l'art, sei die Antwort auf jede Form des Realismus und Naturalismus: »während sonst der Ausdruck und die Erregung des unmittelbaren, das ganze Ich beherrschenden Gefühls der Zweck der Lyrik zu sein pflegt, für den ihre Kunstform das Mittel ist, wird in dieser neuen Richtung das Gefühl zu einem Mittel für den Kunstzweck.« (Simmel 1898, 388; GA 5, 290) Georges Seelenleben sei »völlig in die Kunstform aufgegangen« (389; GA 5, 291). Georges Gedichtzyklus *Algabal* von 1892 zeige diese »Alleinherrschaft des Kunstgefühls«. Dabei übersieht Simmel geflissentlich den Barbarismus in Georges Lyrik, die an den auch vor Mord nicht zurückschreckenden jugendlichen römischen Kaiser Heliogabalus erinnern will. Simmel erkennt darin vielmehr »nur eine ästhetische Selbstherrlichkeit, die einfach jenseits der Frage nach Lust und Leid steht, wie man bei dem Pflücken einer Blume sich nicht kümmert, daß man damit fruchtbares organisches Leben zerstört« (390; GA 5, 292) Insgesamt, so schließt Simmel seinen Artikel, gehe es bei George nicht mehr um Inhalte, sondern »vollkommen« und »ausschließlich« um die »künstlerische Durchbildung« (vgl. 392; GA 5, 295).

Der zweite Essay, »Stefan George. Eine kunstphilosophische Studie« (1901), knüpft unmittelbar an seinen Vorgänger an und radikalisiert dessen Thesen noch. »Die ersten Gedichte Georges, von denen man erfuhr, verrieten schon diese ausschließlich ästhetische Absicht: weder wollten sie außer dieser noch etwas ›geben‹ – Gefühle oder Gedanken an und für sich – noch durch das leichte Spiel formalistischer Vollendung ergötzen; und durch diese beiden Jenseits unterschieden sie sich sogleich von der typischen Lyrik.« (Simmel 1922, 32; GA 7, 23) Georges Lyrik sei von »aller bloßen Gegenwärtigkeit entrückt« (35; GA 7, 26); »die ganze Existenzform« bräche »um die einzelnen Elemente, Worte, Gedanken des Gedichtes herum aus diesen selbst hervor« (35; GA 7, 26). Georges »vollkommenes Artistentum« sei in der Ansicht von der radikalen Autonomie der Kunst gegründet. Damit steigt dieser dann in Simmels Deutung wiederum zum Heros seiner eigenen Werkästhetik auf: »Ich halte es für das erste Erfordernis aller wirklich ästhetischen Betrachtung, daß dieselbe dem Kunstwerk als einem ganz auf sich ruhenden, völlig selbständigen Kosmos gelte, in absoluter Loslösung von seinem Schöpfer und allen Gefühlen, Deutungen, Hinweisungen, die ihm etwa durch die Beziehung zu diesem zugehören könnten. Die Absicht und Stimmung, aus der das Werk geschaffen ist, haben zu dem Geschaffenen gar keine Beziehung mehr, außer insoweit sie zu objektiven Qualitäten desselben geworden sind; nicht weil der Künstler sie empfand, sondern weil sie dem Werke wahrnehmbar einwohnen, sind sie jetzt wesentlich.« (40; GA 7, 30f.) Das kennen wir bereits aus der Rembrandt-Monografie, aus Äußerungen in den Essays über »Das Christentum und die Kunst« sowie über das »Wesen des historischen Verstehens«.

Dann aber, nach dem Erscheinen von Georges *Der siebente Ring*, schreibt Simmel 1909 noch einmal einen Essay über George, in dem er das Autonomiepostulat nun – auf der Linie seiner Argumentation aus dem Goethe-Buch – gegenüber der Apologie des Künstlertums zurücknimmt. Ähnlich wie Lukács, der bereits in einem Essay von 1908, »Die neue Einsamkeit und ihre Lyrik: Stefan George«, Georges Gedichte als »Lyrik der modernen Intellektualität« entziffert hatte[133], interpretiert auch Simmel hier die George'sche Lyrik, der er nun die Qualität einer Artikulation der Seele zuspricht. Immer, so Simmel, »bleibt die Seele in sich beschlossen und spiegelt nur sich selbst zurück in den Formen der Dinge« (Simmel 1922, 76; GA 12, 52). Auch von der »Monumentalisierung« des lyrischen Erlebnisses ist jetzt die Rede, ja von der Lyrik insgesamt als »Solipsismus der Seele«. (76; GA 12, 53)

Simmels kunstphilosophische Reflexionen oszillieren zwischen den Polen einer autonomen Werkästhetik und einer Ästhetik als »Artistenmetaphysik« (Nietzsche). Hier liegt das »Unerledigte« bei ihm. Die mögliche Vermittlung auf dem Weg einer geschichtsphilosophischen Deutung lehnt er ab. Denn die Kunst sei ja das absolut Andere des Lebens, und nur die »unvollkommene Kunst«, eine, die sich »noch nicht völlig von der Lebensdienstbarkeit befreit« habe, sei an die »Strömungen des Lebens« gebunden, wie es in der *Lebensanschauung* einmal heißt (vgl. Simmel 1918b, 76; GA 16, 277 f.). Auf der anderen Seite aber – und das mag vielleicht Simmels letzte Antwort gewesen sein – sieht er, dass die bloße Apologie der Kunst als »Welt für sich« ins Leere laufen muss, wenn man ihr alle Verbindungen mit dem Leben abschneidet. So fordert er denn schließlich in dem Essay »L'art pour l'art« (1914): »la vie pour l'art und l'art pour la vie« (Simmel 1922, 86; GA 13, 15).

Die Versöhnung von Leben und Form in der Kunst hat ihren Preis: die Geringschätzung der künstlerischen Moderne, der Avantgarden. Simmels Kunstheroen heißen daher Michelangelo und Rembrandt, Böcklin und Rodin, Goethe, Stefan George und Paul Ernst. Den Expressionismus hingegen hat er unablässig kritisiert, ihm einmal Technikfetischismus vorgeworfen, ein anderes Mal die künstlerische Form abgesprochen (vgl. Simmel 1918a, 19 ff.; GA 16, 190 ff.). Das von Simmel geforderte Werk steht in statuarischer Ruhe vor uns, verträgt keine Aufgeregtheit, verbreitet vielmehr das Bild edler Einfalt und stiller Größe. Es soll uns zu stiller Kontemplation einladen – das Museum, besser noch die eigene Privatsammlung im heimischen Salon (man denke nur an Simmels eigene Sammlung!) oder auch die behaglich-abgeschiedene Leseecke sind seine Orte, Orte des Rückzugs, der Ruhe und Beruhigung. Kunst als Sedativ.

10. Die Form des Lebens

Bereits in einem Essay von 1902, der für ein amerikanisches Publikum »Tendencies in German Life and Thought since 1870« analysierte, forderte Simmel als Synthese »a new theory of life«, die im Anschluss an Schopenhauer und Nietzsche die divergierenden Tendenzen in der Philosophie wieder in einer einheitlichen Perspektive zusammenfassen sollte. »The great synthesis that shall unite all the currents of existence as known to us into consistent ideas, that shall convert all external reality into spiritual values, and satisfy all the needs of the spirit with the results of knowledge, – this great synthesis we still await.« (Simmel 1902, 182; GA 18, 200) Nach diversen Vorarbeiten, die sich mit den Begründern der Lebensphilosophie im 19. Jahrhundert, *Schopenhauer und Nietzsche* (1907), sowie mit dem einflussreichsten zeitgenössischen Vertreter der Lebensphilosophie, Henri Bergson, beschäftigen, erscheint dann in Simmels Todesjahr die *Lebensanschauung* als Einlösung des Versprechens von 1902 und zugleich als Zusammenfassung und Abschluss der Simmel'schen Philosophie überhaupt. Es ist, wie Michael Landmann einmal bemerkt hat, neben der Rembrandt-Monografie Simmels reifstes Werk[134], obwohl seine Gedankengänge nicht einmal als neu zu bezeichnen sind. Dezidiert knüpft Simmel an die Einsichten der *Philosophie des Geldes* und der *Soziologie* an, greift auch wieder auf den Pragmatismus seiner ersten Schaffensperiode zurück, wobei er den amerikanischen Pragmatismus eines William James als zwar

»oberflächlichste und beschränkteste« Richtung der Philosophie deutet (vgl. Simmel 1918a, 29; GA 16, 196), nichtsdestoweniger aber in ihr einen Wegbereiter der Lebensphilosophie erkennt. Ebenso nimmt Simmel Gedankengänge aus seinen ästhetischen Arbeiten wieder auf, etwa die zentrale Erkenntnis vom Konflikt zwischen Leben und Form aus dem Essay »Der Begriff und die Tragödie der Kultur«. Die Pointe der *Lebensanschauung* besteht darin, dass Simmel einerseits den tragischen Konflikt zwischen dem Leben und den Formen auf die Spitze treibt, andererseits aber im Leben ein Prinzip erkennt, das ständig über diesen Konflikt hinausreicht, ihn transzendiert.

Dennoch steht Simmels lebensphilosophisches Programm nicht vereinzelt da, sondern ist vielleicht nur der präziseste und reflektierteste Ausdruck einer Zeitströmung. Heinrich Rickert, der unerschütterliche Neukantianer und unerbittliche Kritiker dieser Strömung, spricht gar von einer »Modephilosophie«, zu der er neben Simmel und Bergson mit einigem Recht auch Edmund Husserls *Ideen zu einer reinen Phänomenologie und phänomenologischen Philosophie* (1913), Max Schelers *Abhandlungen und Aufsätze* (1915) sowie Friedrich Gundolfs Goethe-Buch (1916) und Oswald Spenglers *Untergang des Abendlands* (Bd. 1, 1918) zählt. Wenn man auch »nur mit Einschränkung« »von einer Einheitlichkeit der Zeitphilosophie« sprechen könne, so konvergiere diese doch, so Rickert, in einem Charakteristikum, dass man nämlich »mit dem Begriff des Lebens selbst und mit ihm *allein* die gesamte Welt- und Lebensanschauung aufbauen will. Das Leben ist in den Mittelpunkt des Universums zu stellen, und alles, wovon die Philosophie zu handeln hat, ist auf das Leben zu beziehen. In ihm glaubt man den Schlüssel zu jeder Thüre des philosophischen Gebäudes zu besitzen. Man erklärt das Leben für das eigentliche ›Wesen‹ des Weltalls und macht es zugleich zum Organon seiner Erfassung. Das Leben selber soll aus dem Leben heraus ohne Hilfe anderer Begriffe philosophieren, und eine solche Philosophie muss sich dann unmittelbar erleben lassen.«[135] Im Folgenden polemisiert Rickert dann gegen den Erlebnisbegriff und den antiwissenschaftlichen Affront wie antisystematischen Impuls der Lebensphilosophie; er kritisiert die Vorläufer Schopenhauer und Nietzsche, einschließlich ihres romantischen Erbes, Bergson und James. Nur dem ehemaligen Freund Simmel räumt er eine Sonderstellung ein, weil er – und nur er – sich »die Schwierigkeiten klar gemacht« habe, »die entstehen müssen, sobald man in der Wissenschaft das lebendige Denken über das Denken des Lebens zu stellen versucht«[136].

Besonderes Interesse verdient im Rückblick Rickerts frühe Polemik vor allem deshalb, weil sie scharfsinnig die Gefahren der Lebensphilosophie benennt, von der eine bruchlose Unheilslinie zur Pseudophilosophie des 1000-jährigen Reiches (bei Alfred Baeumler etwa) und zu ultrakonservativen Positionen (Ernst und Friedrich Georg Jünger) reicht. Bemerkenswert ist allerdings, dass Simmel davon ausgenommen wird – bemerkenswert nicht zuletzt deshalb, weil spätere Kritiker der Lebensphilosophie, wie Lukács oder Hans-Joachim Lieber, diese Unterscheidung nicht mehr getroffen haben. Simmels Reflektiertheit, sein ständiges Abwägen des Für und Wider und seine Differenzierungswut hindern ihn daran, zum blinden Apologeten des Lebens und zum naiven Vitalisten zu werden.

Der grundsätzlichen Schwierigkeit einer Philosophie des Lebens, die philosophierend und mithin reflektierend eine unvordenkliche Gegebenheit, den rastlosen Lebensfluss, begreifen will, ist sich Simmel stets bewusst. Am Ende des ersten, zentralen Kapitels aus der *Lebensanschauung* heißt es: »Ich weiß sehr wohl, welche logischen Schwierigkeiten dem begrifflichen Ausdruck dieser Art, das Leben zu schauen, entgegenstehen. Ich habe sie, in voller Gegenwart der logischen Gefahr, zu formulieren versucht, da doch immerhin *möglicherweise* die Schicht hier erreicht ist, in der logische Schwierigkeiten nicht ohne weiteres Schweigen gebieten – weil sie diejenige ist, aus der sich die metaphysische Wurzel der Logik selbst erst ernährt.« (Simmel 1918b, 27; GA 16, 235) Diese Art, das Leben zu schauen, die es nicht vorschnell auf den Begriff bringen und damit, in Kant'schem Sinne, logisch erschleichen will, orientiert sich an den Phänomenen, sieht genau zu und hin. Und unter dem Blick des soziologisch wie philosophisch gleichermaßen geschulten Beobachters entsteht die Kluft zwischen dem Leben und den Formen, der Antagonismus von Dynamik und Statik, von bewegter Entwicklung und erstarrter Ruhe.

Seit dem Essay über den »Begriff und die Tragödie der Kultur« versucht Simmel immer wieder in ähnlich lautenden Formulierungen dieselbe Grundeinsicht über den tragischen Konflikt der Kultur zu vermitteln. Seitdem das Leben den Weg der Kultur eingeschlagen hat und sich Geschichte als fortgesetzter Wandel der Kulturformen vollzieht, ist die Menschheit gezwungen, sich kulturell zu entäußern oder, mit Hegel zu reden, zu vergegenständlichen. Die Menschheit entäußert sich in Objektivationen, die die Hegel'sche Philosophie den »objektiven Geist« nennt. Diese Objektivationen reichen von gesellschaftlichen und staatlichen Einrichtungen über Moral, Sitte und Recht bis zu Religion, Kunst und Wissenschaften. Obwohl das Leben der Menschheit diese Objektivationen zum eigenen Überleben braucht, ist es zugleich durch sie gefesselt, wird eingeengt, reduziert. Das Leben, so Simmels Meinung, benötigt die Form und gleichzeitig auch mehr als die Form, die – einmal geschaffen und damit statisch und fest – den pulsierenden Lebensstrom hemmt. In seiner populären Schrift *Der Konflikt der modernen Kultur* (1918), wo Simmel in gedrängter Form die Ansichten aus der *Lebensanschauung* zusammenfasst, bezeichnet er diesen Vorgang auch als den

»tiefsten inneren Selbstwiderspruch des Geistes, sobald er sich zur Kultur entwickelt, das heißt sich in Formen dartut« (Simmel 1918a, 47; GA 16, 206). Denn: »Wir *sind* zwar das Leben unmittelbar und damit ist ebenso unmittelbar ein nicht weiter beschreibliches Gefühl von Dasein, Kraft, Richtung verbunden; aber wir haben es nur an einer jeweiligen Form, die, [...], im Augenblick ihres Auftretens sich einer ganz anderen Ordnung angehörig zeigt, mit Recht und Bedeutung eigener Provenienz ausgestattet, einen übervitalen Bestand behauptend und beanspruchend. Damit aber entsteht ein Widerspruch gegen das Wesen des Lebens selbst, seine wogende Dynamik, seine zeitlichen Schicksale, die unaufhaltsame Differenzierung jedes seiner Momente. Das Leben ist unlöslich damit behaftet, nur in der Form seines Widerspiels, das heißt in einer *Form* in die Wirklichkeit zu treten.« (Simmel 1918a, 45; GA 16, 205)

Dieser tragische Konflikt wird von Simmel immer wieder, an immer neuen Beispielen zur Sprache gebracht und einmal als »Kampf des Lebens gegen die Form überhaupt« (Simmel 1918a, 9; GA 16, 185), ein anderes Mal als »unversöhnliche[r] Gegensatz von Leben und Form« (Simmel 1918b, 18; GA 16, 227), ja als Gegensatz zweier unterschiedlicher Prinzipien bezeichnet (vgl. 1918b, 157; GA 16, 352). Dazu die Zusammenfassung aus der *Lebensanschauung*: »Das geistige Leben kann [...] gar nicht anders, als sich in irgendwelchen Formen dartun; in Worten oder Taten, in Gebilden oder überhaupt Inhalten, in denen sich die seelische Energie jeweilig aktualisiert. Aber diese Ausformungen seiner Gebilde haben in dem Augenblick des Entstehens schon eine sachliche Eigenbedeutung, eine Festigkeit und innere Logik, mit der sie sich dem Leben, das sie gestaltete, entgegensetzen, denn dieses ist ein rastloses Weiterströmen, das nicht nur diese und jene bestimmte, sondern jede Form, weil sie Form ist, überflutet; schon wegen dieses prinzipiellen Wesensgegensatzes kann das Leben gar nicht in die Form hineingehen, es muß über jede gewonnene Gestaltung hinaus sogleich eine andere suchen, an der das Spiel der notwendigen Gestaltung rein als solcher sich wiederholt. Indem es Leben ist, braucht es die Form, und indem es Leben ist, braucht es mehr als die Form. Mit diesem Widerspruch ist das Leben behaftet, daß es nur in Formen unterkommen kann und doch in Formen nicht unterkommen kann, eine jede also, die es gebildet hat, überlangt und zerbricht.« (1918b, 22 f.; GA 16, 230 f.)

Doch ist dieser »Wesensgegensatz« nur die eine Seite. Die Dinge komplizieren sich noch dadurch, dass Simmel im Prinzip des Lebens selbst auch wieder Form entdeckt. Denn Leben, so heißt es zu Beginn der *Lebensanschauung*, erscheint in der doppelten Bestimmung, ebenso »grenzenlose Kontinuität« wie »zugleich grenzbestimmtes Ich« zu sein (vgl. 1918b, 12; GA 16, 222). Es ist *uno actu* »absatzloses Fließen« und »zugleich ein in seinen Trägern und Inhalten Geschlossenes, um Mittelpunkte Geformtes, Individualisiertes« (13; GA 16, 223). Leben ist grenzenloses Fließen, fortwährende Entwicklung, die jedoch, da immer von Menschen die Rede ist, immer nur in Menschen – in Individuen, die einen bestimmten, umgrenzten Platz im Lebens- respektive Zeitstrom einnehmen – aufscheint. Und in Bezug auf den einzelnen Menschen spricht Simmel an späterer Stelle davon, dass im Individuum in jedem Augenblick, in jedem »Erlebt- und Getanwerden«, das ganze Leben da ist. Jedes Verhalten ist das Leben, weil »das Leben die Gestalt hat, jeweils als ganzes sein jeweiliger Moment zu sein« (243; GA 16, 423). Dabei wohnt dem Leben, gerade weil es begrenzt ist, insofern es im Einzelmenschen erscheint, die Tendenz inne, über sich selbst hinauszugehen; es drängt danach, als Leben »Mehr-Leben« und weiter noch »Mehr-als-Leben« zu sein.

Hierin greift Simmel auf das lebensphilosophische Erbe des 19. Jahrhunderts, insbesondere auf Nietzsche zurück, von dem der Ausdruck »Mehr-Leben« stammt. In Nietzsches Willensmetaphysik, dem »Willen zur Macht«, erkennt Simmel das Prinzip der Lebenssteigerung, wodurch allererst »Entwicklung« möglich ist. »Leben«, so interpretiert er Nietzsches »Willen zur Macht«, »ist unvermeidlicherweise, sozusagen seiner Form nach, Häufung von Kräften, Kämpfen und Siegen, Macht, die zehrt und verbraucht und in dem Maß, in dem es *mehr Leben* ist, steigert sich dieser Machtwille [...].« (Simmel 1907, 229; GA 10, 378)

Menschliches Leben will immer mehr, ist unersättlich, es will über das bloße Alltagsleben hinaus, über das, was Simmel einmal »das Negative der Mühelosigkeit und Glätte des Tagesverlaufes« genannt hat (vgl. Simmel 1919, 234; GA 14, 396). Um aber dieser Mühle des bloßen Lebens im Alltag zu entkommen, ist der Einzelne gezwungen, etwas Festes zu schaffen, also wiederum sich in Formen zu entäußern.

Damit rückt erneut der Ort der Kunst in den Mittelpunkt. Denn nur die Kunst und das ihr normativ zugeordnete Individuum, das Genie, sind in der Lage, dem Leben das absolut Andere entgegenzustellen, das, obwohl aus dem Leben aufgestiegen, doch »Mehr-als-Leben« ist. Die Kunst, worin das Leben sozusagen »gestaut« ist (vgl. Simmel 1918b, 85; GA 16, 285), ist gleichzeitig Ausdruck von »Mehr-Leben«, des Willens zum Leben und zur Lebenssteigerung wie auch, insofern die Kunst Form ist, von »Mehr-als-Leben«. Die Kunst ist die Kehrseite der Entfremdung, die der kulturelle und zivilisatorische Fortschritt in den falschen Formen, in Moral, Sitte, Recht, den Institutionen von Gesellschaft und Staat, in Religion und Wissenschaften, abgelagert und versachlicht hat. Zu Recht spricht deshalb auch Landmann davon, dass es der Simmel'schen Lebensphilosophie um eine Unterscheidung der richtigen von der falschen, der guten von der schlechten Form geht. »Simmel stellt die gute Form, die die eigene und von ihm gewollte Form des Lebens ist, gegen die künstlich-fremde, ihm äußerlich bleibende.«[137]

In anderer Terminologie, die auf den Existenzialismus verweist, den die Simmel'sche Spätphilosophie gewiss mit vorbereitet hat, könnte man schließlich auch von authentischer und inauthentischer Form sprechen. Kunst als authentischer Lebensausdruck opponiert dann den inauthentischen, nichtsdestoweniger notwendigen Formen der Versachlichung. Authentisch ist sie nicht zuletzt durch die Art und Weise ihrer Produktion, denn in der Kunst verwirklicht sich der subjektive Geist, vollzieht sich das, was Simmel in der *Lebensanschauung* »das individuelle Gesetz« nennt (vgl. Simmel 1918b, 150ff.; GA 16, 346ff.). Die Kunst entbindet Kräfte des Individuums, trägt das Leben über sich selbst hinaus und hält damit – zumindest der Möglichkeit nach – den Weg weiterer Kultursteigerung offen. Schon in einem Essay von 1911/12, in »Der Begriff und die Tragödie der Kultur«, hatte es dazu geheißen, dass im Genie die beiden Strömungen eine einzige sind: »die Entwicklung des subjektiven Geistes um seiner selbst, seiner drängenden Kräfte willen, ist für das Genie ununterscheidbar Eines mit der völlig selbstvergessenen Hingabe an die objektive Aufgabe.« (Simmel 1919, 235; GA 14, 397)

Die Problematik des Simmel'schen Kunstverständnisses haben wir bereits diskutiert. Festgehalten werden sollte freilich, dass Simmel in der Kunst als dem absolut Anderen des Lebens zugleich eine Alternative zum bloßen Leben sieht, zu dem, was seit der *Philosophie des Geldes* die Welt der objektiven, versachlichten Kultur heißt. Allerdings ist es keine reale Alternative, die eine wirkliche Richtung vorzeichnet, sondern vielmehr nur eine Denkmöglichkeit, etwas, das sich aus der metaphysischen Deutung des Lebensprinzips ergibt. Auch entwirft die Simmel'sche Lebensphilosophie nach der skeptischen Kulturphilosophie früherer Jahre kein positives Programm. Und die religiöse Kur, die Möglichkeit eines neuen transzendentalen Obdachs unter den Fittichen der Transzendenz, lehnt Simmel rundum ab. Es bleibt bei der puren Möglichkeit, ohne dass dabei die skeptischen Resultate aus der *Philosophie des Geldes* oder der *Soziologie* zurückgenommen würden.

Was den realhistorischen Prozess betrifft, so hält Simmel weiter an der Einsicht der *Philosophie des Geldes* fest, dass seit dem 19. Jahrhundert die objektive Kultur ein »Übergewicht« über die subjektive Kultur gewonnen habe. »Täglich und von allen Seiten her wird der Schatz der Sachkultur vermehrt, aber nur wie aus weiter Entfernung ihr folgend und in einer nur wenig zu steigernden Beschleunigung kann der individuelle Geist die Formen und Inhalte seiner Bildung erweitern.« (GA 6, 621 f.) Die Herrschaft des objektiven Geistes und seiner Sedimente in der objektiven, sachlichen Kultur bewirkt, »daß die kulturelle Steigerung der Individuen hinter der der Dinge – greifbarer wie funktioneller wie geistiger – merkbar [zurückbleibt]« (643).

Auch die *Lebensanschauung* spricht wieder von der Entfremdung, die die objektive Kultur als lebenshemmende Kraft ins Werk gesetzt hat. »So die christliche Dogmatik gegenüber dem schöpferischen oder hingegebenen Erleben des unmittelbaren Verkehrs mit Gott; so ›Gesetz und Recht‹, die sich wie eine ewige Krankheit forterben, weil sie für das Leben, dem sie ursprünglich Vernunft und Wohltat waren, bei seiner Fortentwicklung zu Unsinn und Plage werden; so die Produktionsformen, die den Kräften einer Wirtschaftsstufe angemessen sind, in sich aber diese Kräfte so anwachsen lassen, daß sie wie Zwangsjacken wirken, die in akuten oder chronischen Revolutionen gesprengt werden – bis die neue, für jetzt richtige Produktionsform das gleiche Schicksal erfährt; so der Kunststil, der aber mit deren unvermeidlicher Fortgestaltung von der jungen Generation als unerträglicher Akademismus empfunden wird und entweder einem innerlich polar entgegengesetzten oder einer Anarchie des Kunstschaffens Platz macht; und unzähliges anderes in größten wie in engsten Dimensionen sich Vollziehendes.« (Simmel 1918b, 157; GA 16, 352)

Die Welt und Wirklichkeit unter dem Diktat des objektiven Geistes, das Leben in der Zwangsjacke der Formen, die Individuen in der Macht der Entfremdung – die Fremdheit von Subjekt und Objekt. Andererseits aber, und hier denkt Simmels Spätphilosophie weiter, ja entwickelt sich zur Metaphysik – die implizite Möglichkeit des Lebens. Sein rastloses Fluten und Strömen, sein kontinuierliches Werden umfasst »Tendenzen und Latenzen« (Bloch), die nicht einsinnig und geradlinig in den existierenden Formen aufgehen, auf Formen der Wechselwirkung reduziert und aus den Objektivationen abgeleitet werden können. Das Leben ist mehr und anders; es enthält – wie gesagt: als Denkmöglichkeit – zugleich immer auch das, was über es hinausgeht.

Der Kampf des Lebens mit und gegen die Form bleibt unentschieden bis zum Schluss.

11. Vom Tempo und den Moden – Blick zurück nach vorn

Es bleibt wohl dabei: Georg Simmel ist der Philosoph, Sozialpsychologe und Soziologe der Moderne, jener frühen Moderne, die sich um die Jahrhundertwende auskristallisiert hat und als deren Diagnostiker und – wohldosiert – Therapeut er sich nachhaltig empfiehlt.[138] Man hat rückblickend diese Zeit in den verschiedensten Begriffen zu beschreiben versucht, hat sie über die vielen gleichzeitigen Ismen und den Stilpluralismus bestimmen zu können gemeint. Oft unzureichend. Es ist ein durch und durch hektisches, ja nervöses Zeitalter. Nervosität gilt bereits den Zeitgenossen etwa zwischen 1880 und 1910 – und nicht nur im strengen medizinischen bzw. psychologischen Zusammenhang – als Zeichen der Zeit. Neurasthenie, so lautete die weitverbreitete Meinung, charakterisiert nicht nur die Intellektuellen, Schriftsteller und Künstler, sondern ebenso Arbeiter und Angestellte, namentlich Buchdrucker, Eisenbahnangestellte und Telefonistinnen. Mehr Tempo, mehr Hektik, mehr Nervosität. Karl Lamprecht taufte die neue Ära das »Zeitalter der Reizsamkeit«, und insgesamt beherrschte, wie der Historiker Joachim Radkau schreibt, mindestens an der Oberfläche das »Tempo-Design« die Jahrhundertwende. Schneller, höher, weiter – in einer Hetzjagd durch die Zeit. Das Auto drängt sich mit Macht in den innerstädtischen Verkehr hinein, auf Kirmesplätzen geraten Rutsch-, Achtersowie Berg- und Talbahnen zur Attraktion, der Leistungssport tritt mit den ersten Olympischen Spielen seinen Siegeszug an. Kinopaläste entstehen und verdrängen die Stadttheater; man raucht – nicht nur in den Pausen – Zigaretten statt Zigarren. Ganz hektisch eben.[139]

Nervosität, Hektik, Tempo bilden die Signaturen der Zeit und des urbanen Raums. Modernität vollzieht sich zuallererst in der Großstadt – ihre Zentren heißen Paris, London und New York, aber dann und zunehmend auch Berlin. Georg Simmel ist nicht nur Berliner, sondern bedenkt auch Berlin in zahllosen seiner Essays. Der städtische Raum, innen und außen, an der glitzernd-illuminierten Oberfläche ebenso wie unter der »kalten Haut der Stadt« (Michael Wildenhain) und in den Seelenuntiefen der neuen Subjekte, ist beständiges Gravitationszentrum des Simmel'schen Denkens – seiner frühen, vornehmlich methodologischen Problemen der neueren Philosophie (Ethik, Geschichtsphilosophie, Hermeneutik) gewidmeten, noch am ehesten systematisch zu nennenden Schriften, seiner die Kultursoziologie begründenden Soziologie bzw. Sozialphilosophie und seiner späten, die ästhetische Linie seines Denkens fortschreibenden Lebensphilosophie. Man kann deshalb im Blick auf die Simmel'sche Entwicklung mit guten Gründen von einer Kontinuität im Wandel sprechen. Der Grundton – das großstädtisch moderne Lebensgefühl – klingt immer wieder durch und bildet den Generalbass.

Wohin auch immer man den Blick richtet, wenn man sich mit den Diskursen der frühen Moderne um die Jahrhundertwende beschäftigt, der Geltungsverlust traditioneller Werte und Orientierungen, auch klassischer philosophischer Begriffe und Termini ist ein beherrschendes Thema. Von Nietzsche über Ernst Mach und die Vertreter der Wiener Moderne bis zu Freud wird der sogenannten Objektivität wie der Totalität der Garaus gemacht, wird dem Subjekt in Gestalt der Individualität der Boden entzogen. Rundum wird destruiert und fröhlich dekonstruiert: Wirklichkeit verflüchtigt sich in Stimmungen, Ansichten und Perspektiven, das einzelne Subjekt steht jetzt anhaltlos und ohne Substanz da.

Die Wiener Literaten von Peter Altenberg über Karl Kraus und Hugo v. Hofmannsthal, Hermann Bahr und Richard Beer-Hofmann bis zu Arthur Schnitzler schreiben diese neuen Erfahrungen aus; Ernst Mach und Bahr inszenieren das Basistheorem (die Unrettbarkeit des Ich[140]), Hofmannsthal liefert mit seinem Chandos-Brief den poetologischen Rahmen, in den dann Schnitzler mit seinen Stücken und Prosatexten die kultur- und gesellschaftskritischen Töne hineinmischt. Alle Beziehungen und vormals intensiven Bindungen sind brüchig geworden, der Kitt ist löcherig, und nicht erst im Äußerlichen beginnt die Fremde, sondern bereits im Inneren, denn das Ich ist nicht mehr Herr im eigenen Haus. Schon flüchtige Begegnungen, Stimmungsschwankungen, Launen und Anfälle können es aus der gewohnten Bahn werfen – Beer-Hofmanns Roman *Der Tod Georgs* von 1900 oder noch Schnitzlers späte *Traumnovelle* liefern hierfür das nötige Anschauungsmaterial. Das Leben ist nichts weiter als ein einziger breiter Strom, und nutzlos, heißt es bei Beer-Hofmann, ist alles Wissen, und die »mächtigen Worte« fallen »verweht« von den Lippen. Einzig das Schweigen noch bewahrt vor der Lüge.[141]

Eine Philosophie, die ihre Zeit in Gedanken zu erfassen versucht, also ein Gesamtbild zeichnen möchte, muss sich diesen Herausforderungen stellen. Und wenn die alte Weltanschauung in die Brüche gegangen ist, muss man sich die Welt eben wieder neu anschauen.[142] Dabei kann es dann nicht mehr und länger darum gehen, diesen Fragment- bzw. Trümmerhaufen, wie es der junge Lukács *en passant* ausgedrückt und der reife Benjamin in seinen geschichtsphilosophischen Thesen dann bündig zusammengefasst hat, zu einem Ganzen und einer Totalität zusammenzufälschen[143], sondern die einzelnen Bruchstücke der Wirklichkeit und Geschichte als solche und einzelne stehen zu lassen.

Auch das hat Georg Simmel früher als andere intuitiv gespürt, um es sodann auch methodisch abzusichern: im Essay und Fragment als kleinen Formen, die »Momentbilder sub specie aeternitatis« (wie eine Kolumnenfolge der von Simmel über einen längeren Zeitraum belieferten Zeitschrift *Jugend* hieß), Denkbilder, wie sie dann Benjamin im Blick auf die eigene Kurzprosa nennen wird, entwerfen. Sie sind kurzfristige Interventionen, okkasionelles Philosophieren *pur sang*, weil sie, um noch einmal Georg Lukács zu zitieren, ›bei Gelegenheit von‹ entstanden sind.[144] Bei Simmel heißt es ganz ähnlich: Aufgabe seiner Betrachtungen könne nur sein, »daß sich von jedem Punkt an der Oberfläche des Daseins, so sehr er nur in und aus dieser erwachsen scheint, ein Senkblei in die Tiefe der Seele schicken läßt, daß alle banalsten Äußerlichkeiten schließlich durch Richtungslinien mit den letzten Entscheidungen über den Sinn und Stil des Lebens verbunden sind« (GA 7, 120). Die Richtung ist also klar: von der Oberfläche – und immer hält er sich nur hier auf! – in die Tiefe, mögen sich dabei auch Abgründe auftun. Obwohl nur selten erwähnt, konzentriert Simmel seine Aufmerksamkeit auf den Problemkomplex Moderne als auf ein Unwesen. Denn das Wesen der Moderne überhaupt, schlussfolgert er unter Rückgriff auf jene klassisch gewordene Formulierung Charles Baudelaires (»La modernité, c'est le transitoire, le contingent, la moitié de l'art, dont l'autre moitié est l'éternel et l'immuable«), »ist Psychologismus, das Erleben und Deuten der Welt gemäß den Reaktionen unseres Innern und eigentlich als einer Innenwelt, die Auflösung der festen Inhalte in das flüssige Element der Seele, aus der alle Substanz herausgelöst ist, und deren Formen nur Formen von Bewegungen sind« (GA 14, 346). Dem korrespondiert die Ansicht vom modernen Philosophen als einem »Abenteurer des Geistes«, der etwas Unlösbares so behandelt, »als wäre es lösbar« (a.a.O., 175). An anderer Stelle schreibt Simmel auch, dass die

Philosophie »das Ganze der Welt, gesehen durch ein Temperament, ein état d'âme, wie man es von der Landschaft gesagt hat«, sei (GA 7, 284).

Der Philosoph als Abenteurer – man kann auch sagen: als Flaneur in der Großstadt und auf den Märkten der Moderne, die dort ihre Waren feilbietet. In dem kurzen Essay von 1896 anlässlich der Berliner Gewerbeausstellung, in der er wie in den Weltausstellungen insgesamt weitsichtig das jeweils »momentane Centrum der Weltcultur«, die »Arbeit der ganzen Welt« zusammengezogen sieht, heißt es über die eigentümliche Warenkultur und die neue »Schaufenster-Qualität der Dinge«: »Die Warenproduktion unter der Herrschaft der freien Concurrenz und mit dem durchschnittlichen Übergewichte des Angebots über die Nachfrage muß dazu führen, den Dingen über ihre Nützlichkeit hinaus noch eine verlockende Außenseite zu geben.« (GA 17, 36 f.) Simmel erkennt nicht nur das universelle Diktat der Warenwirtschaft, sondern zugleich das neue ästhetische Raffinement der Dinge, das diesseits ihres puren »Gebrauchswertversprechens« (Wolfgang Fritz Haug) angesiedelt ist, gleichwohl jedoch unbedingt notwendig, damit die Dinge überhaupt gekauft zu werden verdienen. Simmel spricht ausdrücklich von der »Wendung in das ästhetische Ideal«, von dem »Reiz für das Auge« und der »neue[n] principielle[n] Synthese zwischen dem äußerlichen Reiz und der sachlichen Zweckmäßigkeit der Dinge« (GA 17, 37). Das Design bestimmt das Sein, die Ästhetik der Oberfläche und Außenseite – die jeweilige Mode, um es in einer näher bei Simmel angesiedelten Redeweise auszudrücken, rückt in den Mittelpunkt der Betrachtung. Von hier geht das Simmel'sche Senkblei in die Tiefe, startet die Expedition in die *terra incognita* der modernen Kultur, deren Begriff an den »flüchtigsten und isoliertesten Oberflächenerscheinungen des Lebens«, an der »universellen Breite des Daseins« festgemacht wird (GA 14, 163).

Begonnen hat Georg Simmels intellektuelle Entwicklung, wie wir gesehen haben, bei einer Auseinandersetzung mit Kant sowie – wenige Jahre später dann – mit grundsätzlichen methodologischen Erwägungen im Blick zunächst auf die Ethik, dann auch auf Fragen der Geschichtsphilosophie und auf Probleme einer allgemeinen Verstehenstheorie. Die Nähe zum Neukantianismus und zum Dilthey'schen Konzept, zum Pragmatismus und immer mehr auch zu Schopenhauer und Nietzsche ist überall spürbar. Früh reift in Simmel die Erkenntnis, die dann zum Eckpfeiler seines Denkens bis in die letzten lebensphilosophischen Jahre wird, dass das Subjekt und die Objektivität mindestens in ihrer idealistischen Präsentationsweise unrettbar verloren sind: Aussagen über das Subjekt und die Gesellschaft sind allenfalls in Annäherungen möglich. Ebenso wenig wie es noch einen festen Kern gibt, um den sich eine Moralphilosophie entspinnen kann – das war jedenfalls Simmels kurzes Resultat seiner langwierigen Untersuchung über die *Einleitung in die Moralwissenschaft* von 1892/93 –, ebenso wenig existieren auch das Individuum und die Gesellschaft als feste Größen.

Das Individuum, schreibt Simmel in *Über sociale Differenzierung*, seiner ersten Buchveröffentlichung nach der Dissertation, bereits 1890, sei eine »Vielheit«, Kreuzungs- und Durchgangspunkt verschiedenster Einflüsse. Ja, mehr noch, was man für die Einheit des Menschen halte, sei »vielmehr die Summe und das Produkt der allermannichfaltigsten Faktoren, von denen man sowohl der Qualität wie der Funktion nach nur in sehr ungefährem und relativem Sinne sagen kann, daß sie zu einer Einheit zusammengehen« (GA 2, 127). Im Hinblick auf die Gesellschaft, die das Ensemble von sozialen Differenzierungs- und Wechselwirkungsprozessen ist, notiert Simmel, dass der Begriff Gesellschaft »nur der Name für die Summe dieser Wechselwirkungen [ist], der nur in dem Maße der Festgestelltheit dieser anwendbar ist. Es ist deshalb kein einheitlich feststehender, sondern ein gradueller Begriff, von dem auch ein Mehr oder Weniger anwendbar ist, je nach größerer Zahl und Innigkeit der zwischen den gegebenen Personen bestehenden Wechselwirkungen.« (GA 2, 131)

Von hier ist dann der Weg frei für Simmels sozialpsychologische und soziologische Arbeiten, die in den großen Essaysammlungen *Philosophie des Geldes* (1900) und *Soziologie* (1908) gipfeln, worin eine phänomenologische Bestandsaufnahme der Moderne nicht zuletzt entlang der Begriffstrias Geld, Ware und Verkehr angeboten wird. Wiederum spielt dabei das Oberflächendesign für Simmel eine herausragende Rolle, schenkt er Phänomenen wie der Mode und der Koketterie, der Blasiertheit und Neurasthenie, dem Abenteuer und dem Spiel seine besondere Aufmerksamkeit. Im Zuge der Ausarbeitung seiner soziologischen Theorie – und damit seiner mittleren Phase, wenn man so will – stößt er auf die Begriffe der subjektiven und der objektiven Kultur, die sozusagen zwei Welten anzeigen: Zum einen soll sich darin der Anspruch des Einzelnen ausdrücken, für wie entfremdet, verdinglicht oder entstellt man ihn und sein Bewusstsein auch immer (durchaus mit Simmel) ansehen mag, die eigenen Bedürfnisse und Begehrlichkeiten aller Art anzumelden, zum anderen begreift Simmel darunter die nivellierenden, dem Diktat der entwickelten Geldwirtschaft unterworfenen Tendenzen der objektiven oder auch offiziellen Kultur. Dazwischen klafft eine gewaltige Lücke, ein Hiatus, den zu bearbeiten Simmel sich in seinen letzten Arbeiten, den philosophischen Aufsätzen und Essays im Umkreis der Lebensphilosophie, vorgenommen hat. Dabei greift er dann wieder auf die Kunst und auf Momente der traditionellen Ästhetik zurück. Unabhängig jedoch von der Frage, ob das von Simmel aus der Kunst abgeleitete Therapieangebot für die moderne Gesellschaft eine echte Alternative darstellt oder nicht, muss man auf jeden Fall die lebensphilosophischen Problemkreise, die die Schriften aus Simmels letztem Lebensjahrzehnt aufwerfen, als Fortsetzungen und Zuspitzungen früherer Überlegungen aus dem Umkreis der *Philosophie des Geldes* als seinem *chef d'œuvre* ansehen. Anders gesagt: Die Lebensphilosophie pointiert Ansichten und schlägt eine bestimmte Lesart der früheren Arbeiten vor, die nicht nur Simmel selbst gezogen hat, sondern die, durch die Brille seiner kritischen Schüler von Bloch über Lukács und Kracauer bis zu Benjamin und Adorno betrachtet, bis heute maßgeblich auch die Rezeption bestimmt. Infrage stehen die Begriffe – ja, geradezu Paradigmen – Entfremdung und Verdinglichung, deren Konturen die *Philosophie des Geldes* einerseits breit ausmalt, wobei andererseits im Blick auf eine genauere Lektüre erst noch zu klären ist, ob sie tatsächlich schon jene Lukács'sche Unerbittlichkeit, den Weber'schen Härtegrad des ›stahlharten Gehäuses‹ besitzen.[145] Oder existiert nicht beim mittleren Simmel das Sowohl-als-auch, der Relativismus?

Sehen wir uns deshalb noch einige in mehrfacher Hinsicht repräsentative Arbeiten aus Simmels mittlerer Phase an. Im Mittelpunkt rangiert immer das Geld, das nicht allein den Wirtschafts- und Warenverkehr bestimmt, sondern weiter noch das »Tempo des Lebens« insgesamt und überhaupt dessen »Stil« prägt. Simmel verfolgt diesen Zusammenhang in seiner *Philosophie des Geldes* (und eben deshalb nennt er sie auch eine Philosophie und nicht Soziologie!) bis in die feinsten kapillaren Verästelungen sozialer Wechselwirkungszusammenhänge hinein.

Wir greifen nur einzelne Punkte heraus und weisen auf die Komplexe der ›Mode‹ und der ›Koketterie‹ sowie auf den großstädtischen Lebensraum und seine Veränderungen hin. Zu Recht hat Simmels Freund Karl Joël in seiner Besprechung der *Philosophie des Geldes* dieses Buch ein »Gesamtbild der modernen

Kultur unter dem Zeichen des Geldes« genannt.[146] Das trifft die Simmel'sche Intention sehr genau, denn dieser wollte einen philosophischen Beitrag zu nationalökonomischen Fragen leisten. »Wenn es eine Philosophie des Geldes geben soll«, heißt es in der Vorrede, »so kann sie nur diesseits und jenseits der ökonomischen Wissenschaft vom Gelde liegen: sie kann einerseits die Voraussetzungen darstellen, die, in der seelischen Verfassung, in den sozialen Beziehungen, in der logischen Struktur der Wirklichkeiten und der Werte gelegen, dem Gelde seinen Sinn und seine praktische Stellung anweisen.« (GA 6, 10) Der Untersuchung dieser Voraussetzungen ist der analytische erste Teil der *Philosophie des Geldes* gewidmet, während der zweite synthetische Teil sodann die Wirkungen der ausgebildeten Geldwirtschaft, die, wie sich näherhin zeigt, eine der entwickelten kapitalistischen Warenwirtschaft ist, »auf das Lebensgefühl der Individuen, auf die Verkettung ihrer Schicksale, auf die objektive Kultur« (ebd.) zeigt. Ausdrücklich distanziert sich das Simmel'sche Projekt bereits in der Vorrede vom historischen Materialismus oder dogmatischen Marxismus der II. Internationale, da es darum gehe, diesem Materialismus allererst noch »ein Stockwerk unterzubauen«, worin die »wirtschaftlichen Folgen selbst als das Ergebnis tieferer Wertungen und Strömungen, psychologischer, ja, metaphysischer Voraussetzungen erkannt werden« (a.a.O., 13). Es ist enger und breiter zugleich als der historische Materialismus, weil es nur über einen beschränkten nationalökonomischen Begriffsrahmen verfügt, zugleich jedoch die Einflüsse des Geld-, Wirtschafts- und Warenverkehrs auf die sozialen Beziehungen, auf das Verhalten der Geschlechter zueinander, die Familienbande, Freundschaften, die moralischen Prinzipien des Zusammenlebens, schlussendlich noch auf die Geschmacksbildung und Ästhetik verdeutlicht. Nicht nur steigert sich ganz allgemein das Lebenstempo unter der voll ausgebildeten Geldwirtschaft, worin dem Geld als dem »Werth-Ausgleicher und Tauschmittel« »die Kraft« zukomme, »Alles mit Allem in Verbindung zu setzen: es baut eine Brücke zwischen den Dingen, wie es eine zwischen den wirthschaftlichen Menschen baut, es erfüllt in objektiver Hinsicht die Funktion, der der Händler in subjektiver dient.« (GA 5, 224) Ausdruck und Sinnbild u. a. der »konstitutionellen Aufgeregtheit des Wirthschaftslebens« ist die Börse, an deren Reaktionen und Schwankungen die »extreme Steigerung des Lebenstempos«, »eine fieberhafte Bewegtheit und Zusammendrängung« die »auffälligste Sichtbarkeit« erfährt (vgl. ebd.).

Wenn aber alles mit allem und jedem getauscht werden kann, weil alles in dem identischen Wertmaß Geld gemessen werden kann, ja wenn, wie Simmel glaubt, selbst die vermeintlich persönlichsten Beziehungen davon nicht ausgenommen sind, wie er insbesondere im Blick auf die Geschlechterbeziehungen formuliert, dann hat das erhebliche Konsequenzen für die Normen und Werte innerhalb der Gesellschaft. Überaus drastisch beschreibt er die Implikationen in seinem Essay »Die Rolle des Geldes in den Beziehungen der Geschlechter«, der in überarbeiteter Form auch in die *Philosophie des Geldes* eingegangen ist. Hier kommt er – nahezu zwangsläufig – auf das weite Gebiet der Prostitution zu sprechen und beschreibt unter Hinweisen auf Zola (und wohl dessen einschlägigen Dirnenroman *Nana*), welche Verkehrung der Wertschätzung stattgefunden hat. Denn es sei längst nicht mehr so, dass die Dirne, wenn sie nicht als sozial Depravierte eine Rinnsteinexistenz führt, verachtet wird. Im Gegenteil. Die wirklich teure Kurtisane, diejenige, für die viel bezahlt werden muss entsprechend der Wertaxiomatik, dass etwas Wert hat, insofern man dafür bezahlen muss (was nichts kostet, ist auch nichts wert!), steigert dadurch allererst ihren Persönlichkeitswert. »Die Courtisane, die sich für einen sehr hohen Preis verkauft, erhält damit ›Seltenheitswert‹ – denn nicht nur werden die Dinge hoch bezahlt, die Seltenheitswert besitzen, sondern auch umgekehrt erhalten ihn diejenigen Objecte, die aus irgend einem sonstigen Grunde, sei es auch nur aus einer Laune der Mode, einen hohen Preis erzielen. Wie viele andere Gegenstände, ist auch die Gunst mancher Courtisane nur deshalb sehr geschätzt und von Vielen gesucht worden, weil sie den Muth hatte, ganz ungewöhnliche Preise zu fordern.« (GA 5, 265) Von hier lassen sich die verschiedensten Gedanken weiterspinnen, die allesamt in der Logik der Argumentation liegen: Der Wert und damit Preis, denn beide sind identisch, steigt mit der Exklusivität und Seltenheit, und er wird gesucht, dient er doch vornehmlich dem Einzelnen dazu, wie Simmel an vielen Stellen seiner soziologischen Überlegungen nachweist, seine Distinktionsleistungen zu vollziehen. Das steckt in der Dialektik der Geldwirtschaft. Wenn dieser große Nivellierer erst einmal angetreten ist, ist es für den Einzelnen umso notwendiger, sich zu unterscheiden. Eine Möglichkeit – oder vielmehr: ein Differenzierungsangebot – steckt im offensiv wie ostentativ ausgestellten Besitzstand: von der kostspieligen Geliebten über das eigene Anwesen und das protzige Gefährt bis zu den modischen Accessoires und der zur Schau gestellten ästhetischen Kultur (oder was auch immer dafür gehalten wird).

Die Mode ist für Simmel geradezu ein Fallbeispiel für jene immanente Dialektik des Geldes, die sich auf der Subjektseite in den widerstreitenden Tendenzen vom Anschluss an eine Gemeinschaft und dem Bedürfnis nach Unterscheidung widerspiegelt. Die Mode, so definiert Simmel, »ist Nachahmung eines gegebenen Musters und genügt damit dem Bedürfnis nach sozialer Anlehnung, sie führt den Einzelnen auf die Bahn, die Alle gehen, sie gibt ein Allgemeines, das das Verhalten jedes Einzelnen zu einem bloßen Beispiel macht. Nicht weniger aber befriedigt sie das Unterschiedsbedürfnis, die Tendenz auf Differenzierung, Abwechslung, Sich-abheben. Und dies letztere gelingt ihr einerseits durch den Wechsel der Inhalte, der die Mode von heute individuell prägt gegenüber der von gestern und von morgen, es gelingt ihr noch energischer dadurch, daß die Moden der höheren Schicht sich von der der tieferen unterscheiden und in dem Augenblick verlassen werden, in dem diese letztere sie sich anzueignen beginnt.« (GA 10, 10) Mode ist das Resultat dieses Wechselspiels; wo einer von beiden Aspekten fehlt, »wird ihr Reich enden«. Davon darf man jedoch nicht ausgehen, vielmehr – und hier mag einmal mehr die Empirie Simmel bestätigt haben – müssen wir einen immer rascheren Wechsel der Moden konstatieren, eine immer kürzer geratende Haltbarkeitsdauer feststellen. In Simmels eigenen Worten: »Der Wechsel der Mode zeigt das Maß der Abstumpfbarkeit der Nervenreize an, je nervöser ein Zeitalter ist, desto rascher werden seine Moden wechseln, weil das Bedürfnis nach Unterschiedsreizen, einer der wesentlichen Träger aller Mode, mit der Erschlaffung der Nervenenergien Hand in Hand geht.« (GA 10, 15 f.)

Nervös ist die Moderne nicht zuletzt deshalb, weil das Sozialgefüge ins Wanken geraten ist, weil Standesschranken aufgehoben und vermeintlich stabile Klassenlagen instabil geworden sind. Es finden Überschneidungen und Vermischungen statt, Aufstiegs- und Abstiegsmöglichkeiten, neue Nobilitierungen und Deklassierungen stehen auf der gesellschaftlichen Tagesordnung. An diesem Punkt beweist Simmel geradezu divinatorische Weitsicht, wenn er den Pluralismus und die Offenheit der bürgerlichen Gesellschaft beschreibt – dessen, was er unter der modernen, auf der Geld- und Warenwirtschaft beruhenden Gesellschaft versteht. Moden sind Klassenmoden, sagt Simmel und behauptet weiter, dass sie, weil es immer Menschen gibt, die hineinwollen, und solche, die, weil die *misera plebs* sich *ante portas* aufhält, in aller Exklusivität wieder daraus verabschieden, ständigem Wandel und

Umbau unterworfen sind. Mode bedeutet den Einschluss und Ausschluss zugleich, Exklusivität nach Meinung ihrer Trägerschicht aber unbedingt. Sie zeichnet ihren jeweiligen Träger aus, macht ihn identifizierbar bzw. zuordenbar; dennoch besteht die Tendenz – die Bemächtigung der Mode durch Designerpersönlichkeiten unterstreicht diesen Trend noch – auf absolute Exklusivität: d. h. auf das unverwechselbare Unikat. Das ist mein Kleid, Mantel, Hut – für mich (oder von mir) gemacht. Und der Kreis schließt sich wieder. Ich muss mich unterscheiden, und ich differenziere mich, indem ich mich laut Simmel auch an der Oberfläche – in meiner äußerlichen Hülle – von[117] den anderen in meiner Umgebung und Lebenswelt, die für Simmel die urbane oder sogar metropolitane Kultur meint, deutlich abhebe.

Eine gedrängte Zusammenfassung seiner Überlegungen zum Geldkomplex stellt der kurze Essay »Die Großstädte und das Geistesleben« von 1903 dar. »Die Großstädte sind von jeher die Sitze der Geldwirtschaft gewesen [...].« Und: »Geldwirtschaft aber und Verstandesherrschaft stehen in tiefstem Zusammenhange.« (GA 7, 118) Aus diesen Prämissen konstruiert Simmel sowohl eine Sozialpsychologie, die das Wesen des modernen Großstädters beschreibt, als auch eine kurz gefasste, aber weitgreifende Kulturtheorie, die um die Begriffe der subjektiven und der objektiven Kultur kreist. Der Geldwirtschaft liegt das Prinzip der rationalen Berechnung, also der Planung und Kalkulation zugrunde. Sie ist in gewisser Weise Produkt und Summe des neuzeitlichen Prozesses der Aufklärung, wie sie ähnlich auch Weber oder Sombart, nachmals dann Adorno und Horkheimer beschrieben haben. Beherrschung und Bändigung der Natur durch den Geist, ihre Unterwerfung unter die Gesetze einer berechnenden Vernunft sowie ihre Ausbeutung durch die Technik sind die Voraussetzungen für einen ungebremsten Fortschritt, eine hemmungslose Akkumulation. »Pünktlichkeit, Berechenbarkeit,

Exaktheit« (a a.O., 120), die Simmel hier aufzählt, gelten aber nicht nur für die Sphäre der Produktion und der Geldwirtschaft, sondern stellen gleichermaßen auch verbindliche Richtwerte für das personale Verhalten, für die Ethik des modernen Subjekts vor.

Auf diesem Hintergrund nun agiert der großstädtische Mensch, an dem Simmel die folgenden markanten Züge notiert: Blasiertheit, Reserviertheit und eine zunehmende Distanz. Unter Blasiertheit versteht er »die Abstumpfung gegen die Unterschiede der Dinge«, die Indifferenz, die durch das Nivellement der alle qualitativen Unterschiede einebnenden Geldwirtschaft entstanden ist, ja bisweilen eine völlige Gleichgültigkeit; Reserviertheit meint ein »negatives Verhalten sozialer Natur«, wozu das unübersehbare Geflecht großstädtischen Betriebs die Einzelnen nötigt, eine Reserviertheit, wie Simmel weiter bemerkt, »mit dem Oberton versteckter Aversion«; schließlich die Distanz, Nietzsches »Pathos der Distanz«, als Überlebensstrategie (vgl. a.a.O., 122 f.). Nirgends ist das Gewühl dichter als in der Großstadt, herrschen »körperliche Nähe und Enge«, die zugleich »die geistige Distanz« geradezu überlebensnotwendig machen, will man nicht in der Menge (wörtlich und in übertragenem Sinne) untergehen. Die Kehrseite der Medaille ist freilich, dass »man sich unter Umständen nirgends so einsam und verlassen fühlt, als eben in dem großstädtischen Gewühl; [...]« (a.a.O., 126). Von diesen an der Oberfläche festzustellenden Verhaltensweisen leitet Simmel in den abschließenden Passagen seines Essays kurz auf die kulturelle Gemengelage über, die in der Großstadt herrscht: »das Übergewicht dessen, was man den objektiven Geist nennen kann, über den subjektiven [...].« (a. a. O., 129)

Unter dem objektiven Geist und seiner offiziellen Kultur versteht Simmel durchaus im Rückgriff auf Hegel und auf ähnlich klingende Bemerkungen bei Dilthey, wie wir schon festgestellt haben, das weite Gebiet menschlich-gesellschaftlicher Objektivationen (in Sprache, Recht, Technik, Wissenschaft und Kunst ebenso wie in den Institutionen), und er kulminiert und findet sein Zentrum in der modernen Metropole, die der Sitz und Kopf – die Schaltzentrale – der Geldwirtschaft ist: Sie ist ein gigantischer Produktions- und Konsumtionsraum, der Ort der Administration im umfassenden Sinne und daneben noch ein Platz, an dem Wissenschaften und Künste gepflegt werden. Großstädte sind »die eigentlichen Schauplätze dieser über alles Persönliche hinauswachsenden Kultur«. »Hier bietet sich in Bauten und Lehranstalten, in den Wundern und Komforts der raumüberwindenden Technik, in den Formungen des Gemeinschaftslebens und in den sichtbaren Institutionen des Staates eine so überwältigende Fülle kristallisierten, unpersönlich gewordenen Geistes, daß die Persönlichkeit sich sozusagen dagegen nicht halten kann.« (a.a.O., 130) Der Einzelne droht darin unterzugehen, die subjektive Kultur auf der Strecke zu bleiben; damit also scheint die umfassende Entfremdung, ja Verdinglichung die Räume zu besetzen. Es scheint so, aber zugleich – darin steckt die Paradoxie des Simmel'schen Ansatzes, der allzu leichtfertig lange Zeit nur auf den Entfremdungsaspekt zurechtgestutzt und also verkürzt worden ist – ist damit wieder die Voraussetzung für eine Emanzipation des Einzelnen, für seine Distinktionsleistung gegeben. Das Leben, »einerseits unendlich leicht gemacht«, da von überall Angebote kommen, andererseits »aus diesen unpersönlichen Inhalten und Darbietungen zusammen[gesetzt], die die eigentlich persönlichen Färbungen und Unvergleichlichkeiten verdrängen wollen«, findet im großstädtischen Treiben allererst die Möglichkeit, »damit dieses Persönliche sich rette«, sein »Äußerstes an Eigenart und Besonderung« aufzubieten (vgl. ebd.). Das mag durchaus, wie Simmel kritisch hinzufügt, mit Übertreibungen einhergehen. Nichtsdestotrotz schafft erst der urbane Wirtschafts- und Verkehrsraum die Voraussetzung dafür, dass im Unterschied zur Borniertheit des Landlebens (mit umfassender sozialer Kontrolle, also mangelnder Freiheit und Entwicklungsmöglichkeit) überhaupt subjektive Kultur als alternative Lebensweise, wie immer diese dann im Einzelnen konkret ausschauen mag, artikulierbar bleibt. Das Nietzsche'sche Pathos der Distanz schafft erst den Freiraum in der Gesellschaft, die Freiheit von der Gesellschaft, um auf dem verbliebenen schmalen Grat, auf dem die Einzelheit herumlaviert, zum Ausdruck ihrer eigenen subjektiven Kultur zu kommen. Ob diese dann wirklich und emphatisch als authentisch zu bezeichnen ist oder ob sie ebenfalls nur wieder, gleichsam auf potenzierter Ebene, als entfremdet-verdinglicht einzustufen ist, mag dahingestellt bleiben. Das ist letztlich auch egal, denn so oder so kommt derjenige, der sich expressiv äußert und ausstellt, sich selbst, seinen Besitzstand oder die Mode, der sich behauptet und agiert, den Forderungen der modernen Gesellschaft nach: Du musst dich unterscheiden!

Koketterie als Ideal

Etwas grundsätzlich Neues und Anderes stellt die Simmel'sche Lebensphilosophie, die im letzten Lebensjahrzehnt des Autors entstanden ist und sich in einer Reihe von Essaysammlungen und Monografien (über Goethe oder Rembrandt) ausdrückt, nicht dar. Man könnte es vielleicht auch so ausdrücken, dass Simmel in diesen Arbeiten die alten Probleme und Fragestellungen, die sich ihm bei seiner Beschreibung der Moderne, der Großstadt und des Geldverkehrs aufgedrängt haben, nun ins Prinzipielle und Grundsätzliche ausweitet, dass er sie metaphysisch tiefer legt und jetzt stärker an Antworten und Lösungen interessiert ist. Im Vordergrund steht, wenn sich auch diese Tendenz bereits frühzeitig angekündigt hat, die ästhetische Option, eine Orientierung an der Kunst und am Schöpferischen – eine Ästhetik als Fluchtpunkt und Zielvision. Zentraler Begriff ist die Form.

Ein Essay, der thematisch sicherlich noch in den Umkreis der mittleren soziologischen Etappe fällt, dabei ungeheuer dicht geschrieben ist und einen weiten Assoziationsraum schafft, der zugleich ein Musterbeispiel für den modernen Essay abgibt, welcher sich – so übereinstimmend Lukács und Adorno – in der Mitte zwischen Kunst und Wissenschaft bewegt, über Begriffe verfügt, ihre Definition jedoch verweigert und am Ende bei der Lebensphilosophie landet, ist der Text »Psychologie der Koketterie« von 1909. Darin wird zunächst und zumeist in aller Subtilität eine Verhaltensweise beschrieben, die charakteristisch für die Geschlechterproblematik ist, die jedoch immer nur unter ganz bestimmten gesellschaftlichen Voraussetzungen möglich ist und dadurch eine Perspektive auf den konkreten gesellschaftlichen Kontext erlaubt; darüber hinaus ermöglicht dieser Begriff zu anderen Begriffen wie Spiel und Kunst aufzuschließen und Analogien zu bilden, um schlussendlich nicht nur Kritik an der bestehenden Gesellschaft zu üben, sondern *uno actu* auch eine Verhaltensweise zu empfehlen, die in kultivierter Gestalt dem vom späten Simmel geforderten Ideal einer Formung des Lebens nachkommt: auf freilich paradoxe Weise, nämlich in aller Flüchtigkeit. Und diese ist unaufhebbar, weil die Gesellschaft wie das Individuum – hier radikalisiert Simmel frühere Ansichten – nicht nur keinen substanziellen Kern haben, sondern bloße Fiktionen sind (vgl. etwa GA 16, 188). Das Leben und die Formen, sie gehören ebenso unabdingbar zusammen, wie sie für Simmel zugleich auf ewig Gegensätze darstellen; der Einzelne muss sich, will er seine subjektive Kultur realisieren, Formen schaffen, sich in einer Form ausdrücken, die jedoch als Form und damit Objektivation einer anderen, fremden Wertsphäre angehört und sich dem Subjekt gegenüber verselbständigt. Das Leben ist »das Gegenspiel der Form« (GA 16, 205 Anm.) – mit diesem Widerspruch beschäftigt sich die gesamte späte Lebensphilosophie Simmels, ein Widerspruch, den er in dem Vortrag »Der Konflikt der modernen Kultur« von 1918, dem Jahr seines Todes, folgendermaßen beschrieben hat: »Dieses Leben muß entweder Formen erzeugen oder sich in Formen bewegen. Wir sind zwar das Leben unmittelbar und damit ist ebenso unmittelbar ein nicht weiter beschreibliches Gefühl von Dasein, Kraft, Richtung verbunden; aber wir haben es nur an einer jeweiligen Form, die [...] im Augenblick ihres Auftretens sich einer ganz anderen Ordnung angehörig zeigt, mit Recht und Bedeutung eigener Provenienz ausgestattet, einen übervitalen Bestand behauptend und beanspruchend. Damit aber entsteht ein Widerspruch gegen das Wesen des Lebens selbst, seine wogende Dynamik, seine zeitlichen Schicksale, die unaufhaltsame Differenzierung jedes seiner Momente. Das Leben ist unlöslich damit behaftet, nur in der Form seines Widerspiels, das heißt in einer Form in die Wirklichkeit zu treten.« (Ebd.)

Nun aber wieder zurück zur Koketterie. Simmel sieht in ihr eine »Oberflächenspiegelung«, die in der Beziehung zwischen Männern und Frauen auftaucht, wobei er die Rolle der Koketten der Frau zuweist, während der Mann in der Stellung des Werbenden und Begehrenden auftritt. In »ihrer banaleren Erscheinung«, wie Simmel schreibt, sieht die Koketterie so aus: »der Blick aus den Augenwinkeln heraus, mit halbabgewandtem Kopfe, [ist] charakteristisch. In ihm liegt ein Sich-Abwenden, mit dem doch zugleich ein flüchtiges Sich-Geben verbunden ist, ein momentanes Richten der Aufmerksamkeit auf den anderen, dem man sich in demselben Momente durch die andere Richtung von Kopf und Körper symbolisch versagt. Dieser Blick kann physiologisch nie länger als wenige Sekunden dauern, so daß in seiner

Zuwendung schon eine Wegwendung wie etwas Unvermeidliches präformiert ist. Er hat den Reiz der Heimlichkeit, des Verstohlenen, das nicht auf die Dauer bestehen kann, und in dem sich deshalb das Ja und das Nein untrennbar mischen.« (GA 12, 38 f.) Daran wird vor allem deutlich: Hier wird ein Spiel inszeniert, »es ist das Interesse für dich« (a.a.O. 39). Das Wesen der Koketterie aber ist die Zweideutigkeit oder der Halbpart aus »Versagen und Gewähren« (a.a.O., 41), die Andeutung, die mehr verspricht, als sie halten kann, die – einmal als Spiel durchschaut, worauf es Simmel hier ankommt – die krude Alltagsrealität hinter sich lässt. Während wir in der ›Welt der gewöhnlichen Einstellung‹ unser Leben nach Zweck-Mittel-Relationen gestalten, einer gewissen Logik der Dinge und Sachverhalte folgen und dabei einer bestimmten gesellschaftlichen Rhythmik und einem Stundenplan nachkommen, suspendiert die Welt des Spiels diese Alltagsordnung, sind in ihr doch die Zeit und Gesetze der einverständigen Realität momentweise aufgehoben. Es ist eine eigene Welt in der Welt, die anderen Regeln folgt, einer anderen Zweckmäßigkeit, nämlich, hier schießen dann Kunst und Spiel zusammen, einer Zweckmäßigkeit ohne Zweck, wie Simmel mit Kant annimmt. Wir treten im Spiel in eine andere Zweckreihe ein, schaffen Distanz zur Welt des Willens und der Vorstellung, erkennen und erheben uns zugleich über dasjenige, worin Schopenhauer – und unausgesprochenermaßen auch Simmel – den »Brennpunkt des Willens« erkannt hat: in den Genitalien. Im Spiel, wofür die Koketterie ein gelungenes Beispiel abgibt, da sie an eine bestimmte Regelhaftigkeit der Inszenierung wie der Rezeption gebunden ist, wie in der Kunst, die die perfekte Darstellung der Koketterie bedeutet, wird Realität transzendiert. Ermöglicht wird dadurch dann auch eine andere Stellung zur Realität, sei's, was das Verhältnis der Geschlechter zueinander betrifft – Motto: wir können auch anders! – oder sei's umfassender, was die Möglichkeit der Distanznahme zur Welt des Gewohnten und Gewöhnlichen angeht.

Die Koketterie ist für Simmel nur ein Beispiel – freilich ein treffendes und überaus plastisches – für jenes Spielkonzept, das er in seinen soziologischen Schriften eindringlich beschrieben hat. Noch in seiner spätesten soziologischen Schrift *Grundfragen der Soziologie* (1917), auf dem Höhepunkt gleichsam seiner lebensphilosophischen Phase, kommt er im Kapitel über die Geselligkeit als die »Spielform der Vergesellschaftung« auf den Spielbegriff zurück und erinnert zugleich auch wieder an seine eigenen Bemerkungen zur Koketterie. »Das Gesellschaftsspiel hat den tieferen Doppelsinn, daß es nicht nur in einer Gesellschaft als seinem äußeren Träger gespielt wird, sondern daß mit ihm tatsächlich ›Gesellschaft‹ ›gespielt‹ wird.« (GA 16, 113) In eben diesem Sinne wird in der Koketterie mit Erotik gespielt, stellt die Koketterie – anders formuliert – die Spielform der Erotik dar, ein »neckisches oder auch ironisches Spiel« (a.a.O., 115). Im Spiel wie in der Kunst – und die Koketterie ist für Simmel ein Ausdruck hoher ästhetischer Kultur – erheben wir uns über die Realität, suspendieren wir deren Prinzipien, freilich nur momenthaft, augenblicksweise in einer kurzen Unterbrechung, flüchtig eben. Danach holt uns die Realität wieder ein.

Die Beschreibung der Koketterie und ihrer Konnotationen, die Simmel eher assoziativ einflicht, erinnert stark an die Schopenhauer'sche Ästhetik, deren zentrales Moment – die ästhetische Kontemplation, in der wir uns von der Welt der Alltagsroutinen befreien – von Simmel als ständige Reminiszenz wiedererinnert wird. Wo Schopenhauer dazu freilich noch die statuarische Ruhe des großen Kunstwerks benötigt, innerhalb von dessen Nähe wir uns kontemplierend verlieren, da setzt Simmel die Flüchtigkeit des kurzen Moments ein, den Augenblick des Spiels. Vielleicht unterscheidet das den Menschen des tiefen 19. Jahrhunderts vom nervösen Denker der Moderne, der zwar gegen Ende seines Lebens wieder der großen Kunst als Bollwerk gegen Entfremdung und Verdinglichung in der großstädtisch geprägten modernen Gesellschaft gehuldigt hat, der aber – und auch das beweist der unaufgehobene Widerspruch in eben diesem Spätwerk – letzten Endes die Unrevidierbarkeit des Prozesses der Moderne, unsere Flüchtigkeit samt den Pathologien, die wir darin ausbilden, und der Remeduren, die wir dagegen erfinden, erkannt und beschrieben hat.

Wir besitzen »keinen eindeutigen, von vornherein festen Standort« (GA 12, 50) in der Welt – nicht mehr, wenn wir ihn denn überhaupt jemals besessen haben. Und deshalb, so Simmels letztes Wort im Blick auf die Koketterie, kokettieren wir mit allen Dingen des Lebens. Mithin: eine unter den Bedingungen der Moderne angemessene Form des Lebens – wir erinnern uns an den Gegensatz von Leben und Form – ist die Koketterie, das zur Kunst stilisierte flüchtige Spiel mit dem Leben. – Ob es möglicherweise gerade diese Erkenntnis ist, die Philosophen und Soziologen des späten 20. Jahrhunderts wie Charles Taylor, Peter L. Berger und Thomas Luckmann oder Niklas Luhmann bei der Beschreibung der Pathologien der Moderne und der auf sie antwortenden subjektiven Reaktions- und Verarbeitungsformen inspiriert hat, gerade auf den Klassiker Georg Simmel als Vertreter der frühen Moderne zurückzugreifen?[148] Der Kreis schließt sich ein weiteres Mal, auch innerhalb des Simmel'schen Lebenswerks. Schon einmal, nämlich bereits 1901 in einem Beitrag für die Zeitschrift *Jugend* unter dem Kolumnentitel »Momentbilder sub specie aeternitatis« ist Georg Simmel in dem nur wenig bekannten Text »Koketterie« auf unser modernes Lebensproblem zu sprechen gekommen. Am Ende dieses Artikels antwortet die Kokette, deren Koketterie der Philosoph zuvor eindrucksvoll beschrieben hat, sibyllinisch: »wenn dieses Spiel zwischen Gewähren und Versagen Koketterie ist – verhält sich denn Gott und die Welt zu uns anders? Locken uns die Dinge nicht weiter und weiter, um uns schließlich ihr Letztes doch nicht zu gewähren? Gönnen sie uns nicht ihren Duft und Schleier, aber gerade nur genug, daß wir nicht von ihnen lassen können? Sieht uns das Dasein nicht auch so halb abgewandt an, mit einem Versprechen, das es nicht einlöst und gegen das wir doch wie blind und verzaubert unser Ganzes einsetzen? Schön, ich kokettiere. Aber wie kann mir das der Philosoph verdenken, der es doch immer der Seele als ihr Höchstes vorschreibt, die Form des Alls in sich abzuspiegeln?« (GA 17, 212)

12. Koda

»Der Philosoph war von Geburt Jude und hatte in merkwürdiger Weise den bestimmenden Zügen jüdischen Empfindens und Denken einestheils durch den Einfluss der Frau, welche christlicher Abstammung war, Inhalte ganz deutscher Art einbilden lassen, andererntheils Ziele des philosophischen Ideals vorgestellt, so dass er sich zu einem wunderbar vielfältigen Menschen gemacht, dessen Eigenschaften sich um eine ausserordentlich zähe und starke und wie ein dünner Stahlstab elastisch gewordene Einheitlichkeit ringten. Er hatte einen festen Willen und eine grosse Fähigkeit, sich in das Leben zu finden, indem er dessen Zufälliges abstreifte, soweit es ihm nicht genehm war, dem Wesentlichen aber sich anzwang. Daher freute er sich einer glücklichen Auffassung des Lebens und eines grossen Genusses an ihm, und wusste sich selbst das Fremdeste eigen zu machen und als solches dauernd zu besitzen, wenn es ihm nur gefiel. Durch dieses wandelte er im Laufe der Jahre wichtige Theile seines Menschen, so dass er, wenn man nur seine Inhalte betrachtete, in zehn Jahren etwa ein ganz Anderer wurde; aber die Art war immer die gleiche, seine Form; und in dieser lag die Einheitlichkeit, welche diese Aufeinanderfolge zu einem einzigen Menschen machte. Das Wesentliche dieser Art aber war der lebendige Drang, gleich das Concrete zu verlassen, wenn er es kaum berührt, und schnell das Abstracte zu erreichen; eigene Erfahrung, wie übermittelte Kenntniss betrachtete er nie als letzten Zweck, und selbst die künstlerischen Dinge genoss er nicht lange als die wirklichen Dinge, sondern bald, indem er über das Geniessen nachdachte; und fast konnte man sagen, dass er in diesem Nachdenken vornehmlich genoss. Diese Gemüthsart fand ihren passenden Ausdruck in seiner Philosophie, welche bestrebt war, das Weltbild in Beziehungen aufzulösen, und das ganze Sein zu verstehen als eine schwebende Kugel von Kräften, welche sich gegenseitig leicht und sicher tragen. Die Steine eines gothischen Bogens müssen doch immer zwei noch so geringe Punkte haben, durch die sie auf der Erde ruhen, mögen sie auch sonst durch ihr eigenes Streben einander in der hohen Luft halten, nachdem der Meister ihre irdische Schwere durch seinen Willen in himmlischen Drang verwandelt; aber die Kunst wohnt ja auch auf unserer lieben Erde, und nur ihre Sehnsucht hat sie in die Höhe (sic!); allein das Denken vermag gänzlich den Boden zu verlassen: solches war des Philosophen. Hierdurch vermochte er im Gespräch in anmuthiger Weise zu spielen, indem seine Gedanken einander Bälle zuwarfen. Und als ein ganz froher Mensch hatte er oft die schönste Freude, nämlich an sich selbst und seiner Art; und vermochte so durch sein Herz, das nicht schwach und weich war, sondern stark und warm, sich noch mehr mit zu freuen (welches denn die edelste Gabe einer andern Seele an uns ist), wie mit zu leiden.«[149]

Anmerkungen

1 Vgl. Thomas Kleinspehn, Der flüchtige Blick, Reinbek 1989.
2 Theodor Lessing, Philosophie als Tat, Göttingen 1914, S. 303 f.
3 Michael Landmann, Bausteine zur Biographie, in: Kurt Gassen/Michael Landmann (Hg.), Buch des Dankes an Georg Simmel, Berlin 1958, S. 12.
4 Margarete Susman, Die geistige Gestalt Georg Simmels, Tübingen 1959, S. 2.
5 David Frisby, Georg Simmels Theorie der Moderne, in: H.-J. Dahme/O. Rammstedt (Hg.), Georg Simmel und die Moderne, Frankfurt/M. 1984; ders., Fragmente der Moderne, Rheda-Wiedenbrück 1989.
6 Margarete Susman, Ich habe viele Leben gelebt, Stuttgart 1964, S. 52.
7 M. Landmann, Bausteine, a.a.O., S. 12.
8 M. Susman, Ich habe viele Leben gelebt, a.a.O., S. 54.
9 Zitiert nach Gassen/Landmann (Hg.), Buch des Dankes an Georg Simmel, a.a.O., S. 16.
10 Zitiert ebenda, S. 20.
11 Zitiert ebenda, S.26f.
12 Zitiert ebenda, S. 154.
13 Horst Jürgen Helle, Soziologie und Erkenntnistheorie bei Georg Simmel, Darmstadt 1988, S. 10.
14 Zitiert nach Gassen/Landmann (Hg.), Buch des Dankes an Georg Simmel, a.a.O., S. 155.
15 Vgl. Arno Münster, Utopie, Messianismus und Apokalypse im Frühwerk von Ernst Bloch, Frankfurt/M. 1982, S. 53–56.
16 Vgl. Lukács, in: Gassen/Landmann (Hg.), Buch des Dankes an Georg Simmel, a.a.O., S. 172.
17 Ebenda, S. 171.
18 Ernst Bloch, Gesamtausgabe in 16 Bänden, Bd. 16, Frankfurt/M. 1977, S. 246.

19 Georg Lukács, Geschichte und Klassenbewußtsein (1923), Darmstadt und Neuwied 1976.
20 Vgl. Frisby, Fragmente der Moderne, a.a.O.
21 Simmel, zitiert nach: Gassen/Landmann (Hg.), Buch des Dankes, a.a.O., S. 125.
22 M. Susmann, Ich habe viele Leben gelebt, a.a.O., S. 52f.
23 Ebenda, S. 59.
24 Ebenda, S. 52.
25 Ebenda.
26 Zitiert nach Gassen/Landmann (Hg.), Buch des Dankes, a.a.O., S. III.
27 Zitiert ebenda, S. 134 (dort allerdings falsch datiert!).
28 Zitiert ebenda, S. 113.
29 Zitiert ebenda, S. 251.
30 Max Frischeisen-Köhler, Georg Simmel, Berlin 1919; vgl. auch Michael Landmann (Hg.), Georg Simmel: Das individuelle Gesetz, Einleitung des Herausgebers, Frankfurt/M. 1968, S. 7–29. Kritisch dazu: Heinz-Jürgen Dahme, Soziologie als exakte Wissenschaft, Stuttgart 1981, S. 248ff.
31 In: K. Gassen/M. Landmann (Hg.), Buch des Dankes an Georg Simmel, Berlin 1958, S. 9.
32 Gassen/Landmann, Buch des Dankes an Georg Simmel, a.a.O., S. 114f.
33 Vgl. H.-J. Dahme, Soziologie als exakte Wissenschaft, a.a.O., S. 271.
34 Siegfried Kracauer, Georg Simmel, in: Logos 9, 1920/21, S. 307.
35 Ebenda, S. 314 (im Original gesperrt).
36 Max Adler, Georg Simmels Bedeutung für die Geistesgeschichte, Wien/Leipzig 1919, unpaginiert.
37 Helmut Bachmaier/Thomas Rentsch, Georg Simmel, in: Metzler Philosophen Lexikon, hrsg. von Bernd Lutz, Stuttgart 1989, S. 729.
38 Antonius M. Bevers, Dynamik der Formen bei Georg Simmel, Berlin 1985, S. 16 und öfter; H.-J. Dahme, Soziologie als exakte Wissenschaft, a.a.O., S. 465ff.
39 Dahme, Soziologie, a.a.O., S. 254.
40 Bevers, Dynamik, a.a.O., S. 173.
41 Horst Jürgen Helle, Soziologie und Erkenntnistheorie bei Georg Simmel, Darmstadt 1988, S. 47.
42 Virchow 1877, zitiert in: Helle, Soziologie, a.a.O., S. 45.

43 Klaus Christian Köhnke, Von der Völkerpsychologie zur Soziologie. Unbekannte Texte des jungen Simmel, in: H- J. Dahme/O. Rammstedt (Hg.), Georg Simmel und die Moderne, Frankfurt/M. 1984, S. 389.
44 Heinz-Jürgen Dahme, Das ›Abgrenzungsproblem‹ von Philosophie und Wissenschaft bei Georg Simmel, in: H.-J. Dahme/O. Rammstedt (Hg.), Georg Simmel und die Moderne, a.a.O., S. 213.
45 Ebenda, S. 220.
46 Klaus Christian Köhnke, Von der Völkerpsychologie zur Soziologie, a.a.O., S. 415 f.
47 Ferdinand Tönnies, Rezension von *Über sociale Differenzierung*, in: Jahrbücher für Nationalökonomie und Statistik 56, 1891, S. 277 und 269.
48 H.-J. Dahme, Das ›Abgrenzungsproblem‹ ..., a.a.O., S. 222 ff.
49 Theodor W. Adorno, Noten zur Literatur I, Frankfurt/M. 1975, S. 27.
50 Hannes Böhringer, Spuren von spekulativem Atomismus in Simmels formaler Soziologie, in: H. Böhringer/K. Gründer (Hg.), Ästhetik und Soziologie um die Jahrhundertwende: Georg Simmel, Frankfurt/M. 1976, S. 111.
51 Ebenda, S. 112.
52 H.-J. Helle, Soziologie und Erkenntnistheorie, a.a.O., S.49 ff.
53 August Gallinger, Simmel über die Möglichkeit einer allgemeingültigen sittlichen Norm, in: Kant-Studien 6, 1901, S. 406.
54 Karl Joël, Eine Zeitphilosophie, in: Neue Deutsche Rundschau 12, 1901, S. 812, 818.
55 Ebenda, S. 813.
56 Ebenda, S. 814.
57 Vgl. Hans Blumenberg, Geld oder Leben. Eine metaphorologische Studie zur Konsistenz der Philosophie Georg Simmels, in: H. Böhringer/K. Gründer (Hg.), Ästhetik und Soziologie um die Jahrhundertwende: Georg Simmel, Frankfurt/M. 1976, S. 121–134.
58 David Koigen, Georg Simmel als Geldapologet, in: Dokumente des Sozialismus 5, 1905, S. 317 f.
59 Hans-Georg Backhaus, Materialien zur Rekonstruktion der Marxschen Werttheorie, in: Gesellschaft. Beiträge zur Marxschen Theorie 1, Frankfurt/M. 1974, S. 65.
60 Heinrich Brinkmann, Methode und Geschichte, Gießen 1974, S. 128 f.

61 David Frisby, Georg Simmels Theorie der Moderne, in: Georg Simmel und die Moderne, hrsg. von Heinz-Jürgen Dahme und Otthein Rammstedt, Frankfurt/M. 1984, S. 52.
62 Ebenda.
63 David Frisby, Fragmente der Moderne, Rheda-Wiedenbrück 1989, S. 64. Vgl. auch Sibylle Hübner-Funk, Georg Simmels Konzeption von Gesellschaft, Köln 1982, sowie Murray S. Davis, Georg Simmel and the Aesthetics of Social Reality, in: Social Forces 51, 1972/73, S. 320ff.
64 Max Horkheimer/Th. W. Adorno, Dialektik der Aufklärung, Frankfurt/M. 1986, S. 12.
65 Ebenda, S. 10.
66 Ebenda, S. 32.
67 Ebenda, S. 33.
68 Wilhelm Dilthey, Der Aufbau der geschichtlichen Welt in den Geisteswissenschaften, Frankfurt/M. 1981, S. 256.
69 Vgl. Horst Jürgen Helle, Simmel über Marx, in: Annali di Sociologica/Soziologisches Jahrbuch (Trento), Bd. 1, 1985, S. 193ff.
70 Arthur Schopenhauer, Sämtliche Werke, hrsg. von Arthur Hübscher, Bd. 2, S. 210f.
71 Horst Jürgen Helle, Soziologie und Erkenntnistheorie bei Georg Simmel, Darmstadt 1988, S. 167.
72 D. Frisby, Georg Simmels Theorie der Moderne, a.a.O., S. 51.
73 Marx/Engels-Werke, Band 23, S. 89.
74 Ebenda, S. 88. Vgl. dazu auch Peter-Ernst Schnabel, Georg Simmel, in: Dirk Käsler (Hg.), Klassiker des soziologischen Denkens, Bd. 1, München 1976, S. 307.
75 Friedrich H. Tenbruck, Georg Simmel, in: Kölner Zeitschrift für Soziologie und Sozialpsychologie 19, 1958, S. 592.
76 David Koigen, Soziologische Theorien, in: Archiv für Sozialwissenschaft und Sozialpolitik 31, 1910, S. 924.
77 Karin Schräder-Klebert, Der Begriff der Gesellschaft als regulative Idee, in: Soziale Welt 19, 1968, S. 97.
78 Norbert Einstein, Der Alltag. Aufsätze zum Wesen der Gesellschaft (1918), Zürich 1984, S. 12.
79 Siegfried Kracauer, Soziologie als Wissenschaft, Dresden 1922, S.4.
80 Ebenda, S. 34.
81 Ebenda, S. 108ff.

82 Kracauer, zitiert nach: David Frisby, Fragmente der Moderne, Rheda-Wiedenbrück 1989, S. 127.
83 Alfred Schütz, Der sinnhafte Aufbau der sozialen Welt, Frankfurt/M. 1981, S. 12.
84 K. Schräder-Klebert, Der Begriff der Gesellschaft, a.a.O., S. 108.
85 Klaus-Peter Biesenbach, Subjektivität ohne Substanz, Bern 1988, S. 137.
86 S. Kracauer, Soziologie als Wissenschaft, a.a.O., S. 109.
87 Georg Lukács, Geschichte und Klassenbewußtsein (1923), Darmstadt und Neuwied 1976.
88 Edgar Allan Poe, Gesammelte Schriften in 6 Bänden, Bd. 3, Berlin 1984, S. 55.
89 Alfred Vierkandt, Literaturbericht zur Kultur- und Gesellschaftslehre für die Jahre 1907 und 1908, in: Archiv für die gesamte Psychologie XVII, 1910, S. 66.
90 Heinrich Rickert, Kulturwissenschaft und Naturwissenschaft (1926), hrsg. von Friedrich Vollhardt, Stuttgart 1986, S. 77.
91 Vgl. Uta Gerhardt, Immanenz und Widerspruch, in: Zeitschrift für philosophische Forschung 25, 1971, S. 276 ff; Horst Jürgen Helle, Dilthey, Simmel und Verstehen, Frankfurt/M. 1986, S. 39 ff.
92 Vgl. Wilhelm Dilthey, Der Aufbau der geschichtlichen Welt in den Geisteswissenschaften, Frankfurt/M. 1981. S. 93.
93 Vgl. Rickert, Kulturwissenschaft, a.a.O., S. 13.
94 Dilthey, Gesammelte Schriften, Bd. 5, Göttingen 1964, S. 317.
95 Dilthey, Gesammelte Schriften, Bd. 8, a.a.O., S. 180
96 Dilthey, Der Aufbau der geschichtlichen Welt, a.a.O., S. 183.
97 Dilthey, Gesammelte Schriften, Bd. 5, a.a.O., S. 318.
98 Dilthey, Aufbau, a.a.O., S. 99.
99 Ebenda.
100 Ebenda, S. 164.
101 Ebenda, S. 185.
102 Ebenda, S. 267.
103 Franz Eulenberg, Neuere Geschichtsphilosophie, in: Archiv für Sozialwissenschaft und Sozialpolitik 29, 1909, S. 168 ff.
104 Vgl. Manfred Frank, Die Unhintergehbarkeit von Individualität, Frankfurt/M. 1986.
105 Gilles Deleuze, Bergson zur Einführung, Hamburg 1989, S. 23 ff.

106 Henri Bergson, Denken und schöpferisches Werden, Frankfurt/M. 1985, S. 126, 145.

107 Georg Lukács, Zur Theorie der Literaturgeschichte (1910), in: Text und Kritik 39/40: Georg Lukács, München 1973, S. 51. Vgl. dazu: Werner Jung, Georg Lukács, Stuttgart 1989.

108 Dilthey, Aufbau, a.a.O., S. 269.

109 Vgl. Werner Jung, Neuere Hermeneutikkonzepte, in: K.-M. Bogdal (Hg.), Neuere Methoden der Literaturwissenschaft, Opladen 1990, S. 154–175.

110 Georg Lukács, Die Seele und die Formen (1911), Neuwied und Berlin 1971, S. 29.

111 Ebenda, S. 27.

112 Ebenda, S. 22.

113 David Frisby, Fragmente der Moderne, Rheda-Wiedenbrück 1989, S. 64.

114 David Frisby, Sociological Impressionism, London 1981, S. 102ff.

115 G. Lukács, Zur Theorie der Literaturgeschichte (1910), in: Text und Kritik 39/40: Georg Lukács, München 1973, S. 51.

116 Karl Heinz Bohrer, Plötzlichkeit, Frankfurt/M. 1981, S. 20.

117 Ebenda, S. 49.

118 Th.W. Adorno, Ästhetische Theorie, Frankfurt/M. 1980, S. 391.

119 Ebenda, S. 419.

120 Murray S. Davis, Georg Simmel and the Aesthetics of Social Reality, in: Social Forces 51, 1972/73, S. 323.

121 Emil Utitz, Georg Simmel und die Philosophie der Kunst, in: Zeitschrift für Ästhetik und allgemeine Kunstwissenschaft 14, 1920, S. 32f.

122 Ebenda.

123 Wilhelm Dilthey, Der Aufbau der geschichtlichen Welt in den Geisteswissenschaften, Frankfurt/M. 1981, S. 256.

124 Vgl. Peter Bürger, Theorie der Avantgarde, Frankfurt/M. 1974; ders., Zur Kritik der idealistischen Ästhetik, Frankfurt/M. 1983; ders., Prosa der Moderne, Frankfurt/M. 1988.

125 Vgl. R. Hamann/J. Hermand, Epochen deutscher Kultur von 1870 bis zur Gegenwart, Bd. 3: Impressionismus, Frankfurt/M. 1977, S. 85ff.; Nike Wagner, Zur Ästhetik der Moderne, in: Lettre International, Herbst 1988, S. 61ff.

126 Vgl. Hartmut Scheible, Wahrheit und Subjekt, Bern und München 1984, S. 385.

127 Werner Jung, Georg Lukács, Stuttgart 1989, S. 62 ff.

128 Ebenda, S. 58.

129 Karl-Alfred von Marcard, Der Begriff des Kunstwerks bei Georg Simmel, Diss. Leipzig 1929, S. 8.

130 Vgl. J. A. Schmoll gen. Eisenwerth, Simmel und Rodin, in: Ästhetik und Soziologie um die Jahrhundertwende: Georg Simmel, hrsg. von H. Böhringer und K. Gründer, Frankfurt/M. 1976, S. 18–38.

131 Vgl. Georg Lukács, Heidelberger Philosophie der Kunst, Werke Bd. 16, Darmstadt und Neuwied 1974; ders., Heidelberger Ästhetik, Werke Bd. 17, Darmstadt und Neuwied 1974; dazu: Werner Jung, Wandlungen einer ästhetischen Theorie. Georg Lukács' Werke 1907–1923, Köln 1981, S. 48 ff.

132 Th. W. Adorno, Ästhetische Theorie, Frankfurt/M. 1980, S. 391.

133 Vgl. G. Lukács, Die Seele und die Formen, Neuwied und Berlin 1971, S. 131.

134 Michael Landmann, Einleitung, in: Georg Simmel: Das individuelle Gesetz, hrsg. von M. Landmann, Frankfurt/M. 1968, S. 8.

135 Heinrich Rickert, Die Philosophie des Lebens, Tübingen 1920, S. 5.

136 Ebenda, S. 67.

137 M. Landmann, Einleitung, a.a.O., S. 9.

138 Hingewiesen sei an dieser Stelle und ganz pauschal nur auf einige Gesamtdarstellungen Simmels, auf Sammelbände und ausführliche Monografien, die größeren Komplexen gewidmet sind: etwa David Frisby, Fragmente der Moderne. Georg Simmel, Siegfried Kracauer, Walter Benjamin, Rheda-Wiedenbrück 1989; Jeff Kintzelé und Peter Schneider (Hg.): Georg Simmels Philosophie des Geldes, Frankfurt/M. 1993; Ute Luckhardt, »Aus dem Tempel der Sehnsucht«. Georg Simmel und Georg Lukács: Wege in und aus der Moderne, Butzbach-Griedel 1994; Klaus Lichtblau, Kulturkrise und Soziologie um die Jahrhundertwende. Zur Genealogie der Kultursoziologie in Deutschland, Frankfurt/M. 1996; außerdem noch: Martin Ludwig Hofmann, Georg Simmel (1858–1918). Theorien der Extravaganz als Kulturtheorie der Moderne, in: Culture Club. Klassiker der Kulturtheorie, hrsg. von Martin Ludwig Hofmann, Tobias F. Korta und Sibylle Niekisch, Frankfurt/M. 2004, S. 31–47, wo es heißt, dass Simmel »als

Grundlagentheoretiker« bzw. als »klassischer Theoretiker der Moderne überhaupt« anzusprechen sei (S. 32).

139 Vgl. Joachim Radkau, Die wilhelminische Ära als nervöses Zeitalter, oder: Die Nerven als Netz zwischen Tempo- und Körpergeschichte, in: Geschichte und Gesellschaft, Bd. 20, 1994, S. 211–241, insbesondere S. 217 f., 228 ff., 231; vgl. auch Radkaus umfassende Monografie: Das Zeitalter der Nervosität, München/Wien 1998.

140 Die These geht auf Ernst Machs »Analyse der Empfindungen ...« zurück, worin es u. a. heißt: »Nicht das Ich ist das Primäre, sondern die Elemente [Empfindungen]. [...] Die Elemente bilden das Ich.« (zit. nach: Die Wiener Moderne. Literatur, Kunst und Musik zwischen 1890 und 1910, hrsg. von Gotthart Wunberg, Stuttgart 1992, S. 141) Hermann Bahr hat in einer ganzen Reihe von Artikeln diese These Machs popularisiert und in die Wiener Caféhäuser gebracht.

141 Vgl. Richard Beer-Hofmann, Der Tod Georgs, Stuttgart 1980, S. 85.

142 Vgl. dazu den Essay von Uta Kösser, Wenn die Welt-Anschauung in die Brüche geht, ist es besser, sich die Welt anzuschauen, in: Weimarer Beiträge, H. 2., 1993, S. 190–207.

143 Vgl. dazu Georg Lukács, Zur Theorie der Literaturgeschichte (1910), in: Georg Lukács. Text und Kritik, Bd. 39/40, 1973, S. 47; außerdem die einschlägigen Thesen Benjamins zum Begriff der Geschichte, in: Walter Benjamin, Gesammelte Schriften, Bd. I/2, Abhandlungen, hrsg. von Rolf Tiedemann und Hermann Schweppenhäuser, Frankfurt 1974, S. 691 ff.

144 Georg Lukács, Die Seele und die Formen (1911). Sonderausgabe der Sammlung Luchterhand, Berlin/Neuwied 1971, S. 27: »jeder Essay schreibt mit unsichtbaren Buchstaben neben seinen Titel die Worte: bei Gelegenheit von ...«

145 Zu diesem Diskussionskomplex um die Einschätzung der »Philosophie des Geldes« vgl. den Sammelband von Kintzelé/Schneider (Anm. 138), hierin insbesondere die Aufsätze von Klaus Christian Köhnke, »Die Verdrängung der Werte durch das Geld«, der sich eher der Lesart von Lukács, Kracauer und den anderen kritischen Simmelschülern anschließt, und Brigitta Nedelmann, »Geld und Lebensstil«, die für eine Lesart diesseits des Entfremdungsparadigmas votiert.

146 Karl Joël, Eine Zeitphilosophie, in: Neue Deutsche Rundschau 12, 1901, S. 812 u. 818.

147 Vgl. zum Problemkomplex Simmel und die Mode auch die Essaysammlung von Silvia Bovenschen, Die imaginierte Weiblichkeit, Frankfurt/M. 1979.

148 Reizvoll wäre es, darüber nachzudenken, inwieweit zeitgenössische Theoretiker wie z. B. die hier genannten mit ihren Arbeiten (Charles Taylor, Das Unbehagen an der Moderne, Frankfurt/M. 1995; Peter L. Berger/Thomas Luckmann, Modernität, Pluralismus und Sinnkrise. Die Orientierung des modernen Menschen, Gütersloh 1995; Niklas Luhmann, Beobachtungen der Moderne, Opladen 1992), worin mit unterschiedlichen Erklärungsansätzen und höchst unterschiedlichen Antworten auf die ›Unbehaustheit des Menschen‹ und seine ›transzendentale Obdachlosigkeit‹ (G. Lukács) reagiert wird, ausgesprochener- wie unausgesprochenerweise an Szenarien anschließen, die Vertreter der frühen Moderne, allen anderen voran eben Georg Simmel (womit die Bedeutung von Max Weber keineswegs herabgewürdigt werden soll), schon entwickelt haben. Was die historische Genese dieser ›kultursoziologischen Richtung‹ angeht, sei noch einmal nachdrücklich auf die Arbeit von Klaus Lichtblau (Anm. 138) hingewiesen.

149 Paul Ernst, Altitaliänische Novellen, Leipzig 1902, S. 7ff.

Literatur

1. Schriften von Georg Simmel

GA – Georg Simmel, Gesamtausgabe. 24 Bde., (Hg.) Otthein Rammstedt, Frankfurt/M. 1989–2016.

Simmel 1881 – Das Wesen der Materie nach Kant's Physischer Monadologie, Diss. Berlin 1881.

Simmel 1886 – Rezension von H. Steinthal, Allgemeine Ethik, in: Vierteljahresschrift für wissenschaftliche Philosophie, 10. Jg. 1886, S. 487–503.

Simmel 1888 – Einige Bemerkungen über Goethes Verhältnis zur Ethik, in: Zeitschrift für Philosophie und philosophische Kritik, Neue Folge, 92, 1888, S. 101–106.

Simmel 1889 – Zur Psychologie des Geldes, in: Jahrbuch für Gesetzgebung, Verwaltung und Volkswirtschaft im Deutschen Reich 13, 1889, S. 1251–1264.

Simmel 1890 – Rembrandt als Erzieher, in: Vossische Zeitung vom 1.6. 1890.

Simmel 1892/93 – Einleitung in die Moralwissenschaft. Eine Kritik der ethischen Grundbegriffe, 2 Bde., Berlin 1892 und 1893.

Simmel 1896a – Soziologische Ästhetik, in: Die Zukunft 17, 1896, S. 204–216.

Simmel 1896b – Zur Methodik der Sozialwissenschaft, in: Jahrbuch für Gesetzgebung, Verwaltung und Volkswirtschaft im Deutschen Reich 20, 1896, S. 575–585.

Simmel 1896c – Berliner Gewerbe-Ausstellung, in: Die Zeit (Wien) vom 25.7.1896.

Simmel 1897a – Die Bedeutung des Geldes für das Tempo des Lebens, in: Neue Deutsche Rundschau 8, 1897, S. 111–122.

Simmel 1897b – Ferdinand Tönnies. Der Nietzsche-Kultus, in: Deutsche Literaturzeitung 17, 1897, Nr. 42, Sp. 1645–1651.

Simmel 1898 – Stefan George. Eine kunstphilosophische Betrachtung, in: Die Zukunft 22, 1898, S. 386–396.

Simmel 1899 – Momentbilder sub specie aeternitatis (Moral), in: Jugend, 4.I., 1899, S. 92.

Simmel 1900 – Momentbilder sub specie aeternitatis (Kein Dichter), in: Jugend, 5.II., 1900, S. 828.

Simmel 1901 – Momentbilder sub specie aeternitatis (Koketterie), in: Jugend, 6.II., 1901, S. 672.

Simmel 1902 – Tendencies In German Life And Thought Since 1870, in: International Monthly (New York) 5, 1902, S. 93–111 und 166–184. (Eine deutsche Übersetzung des ersten Teils dieses Essays liegt vor in: G. Simmel, Schopenhauer und Nietzsche, Hamburg 1990, Sammlung Junius Bd. 11, S. 7–33.)

Simmel 1905a – Die Probleme der Geschichtsphilosophie, 2., völlig veränderte Auflage, Leipzig 1905.

Simmel 1905b – Philosophie der Mode, Berlin 1905.

Simmel 1906 – Kant und Goethe, Berlin 1906.

Simmel 1907 – Schopenhauer und Nietzsche. Ein Vortragszyklus. Leipzig 1907 (Hamburg 1990).

Simmel 1908 – Soziologie. Untersuchungen über die Formen der Vergesellschaftung, Leipzig 1908.

Simmel 1911 – Soziologie der Geselligkeit, in: Verhandlungen des Ersten Deutschen Soziologentages, Tübingen 1911, S. 1–16.

Simmel 1913 – Goethe, Leipzig 1913.

Simmel 1914 – Logik. Eine Kollegmitschrift von Gottfried Salomón-Delatour, hrsg. von Otthein Rammstedt, in: Soziale Welt 20, 1969, S. 221–237.

Simmel 1917 – Das Goethebuch, in: Die Neue Rundschau 28, 1917, S. 254–264.

Simmel 1918a – Der Konflikt in der modernen Kultur, München und Leipzig 1918.

Simmel 1918b – Lebensanschauung. Vier metaphysische Kapitel, München und Leipzig 1918.

Simmel 1919 – Philosophische Kultur. Gesammelte Essais, 2., um einige Zusätze vermehrte Auflage, Leipzig 1919.

Simmel 1922 – Zur Philosophie der Kunst. Philosophische und kunstphilosophische Aufsätze, hrsg. von Gertrud Simmel. Potsdam 1922.

Simmel 1923 – Fragmente und Aufsätze aus dem Nachlaß und Veröffentlichungen der letzten Jahre, hrsg. von Gertrud Kantorowicz, München 1923.

Simmel 1968 – Das individuelle Gesetz. Philosophische Exkurse, hrsg. von Michael Landmann, Frankfurt/M. 1968.

Simmel 1970 – Grundfragen der Soziologie, 3., unveränderte Auflage, Berlin 1970.

Simmel 1984 – Das Individuum und die Freiheit. Essais, Berlin 1984.

Simmel 1985 – Rembrandt. Ein kunstphilosophischer Versuch, eingeleitet von Beat Wyss, München 1985.

Simmel 1990 – Vom Wesen der Moderne. Essays zur Philosophie und Ästhetik, hrsg. von Werner Jung, Hamburg 1990.

2. Sekundärliteratur

Max Adler, Georg Simmels Bedeutung für die Geistesgeschichte, Wien/Leipzig 1919.

Theodor W. Adorno, Noten zur Literatur I, Frankfurt/M. 1975. Theodor W. Adorno, Ästhetische Theorie, hrsg. von Gretel Adorno und Rolf Tiedemann, Frankfurt/M. 1980.

Helmut Bachmaier/Thomas Rentsch, Georg Simmel, in: Metzler Philosophen Lexikon, hrsg. von Bernd Lutz, Stuttgart 1989, S. 729–732.

Hans-Georg Backhaus, Materialien zur Rekonstruktion der Marxschen Werttheorie, in: Gesellschaft. Beiträge zur Marxschen Theorie 1, hrsg. von H.-G. Backhaus u.a., Frankfurt/M. 1974, S. 52–74.

Richard Beer-Hofmann, Der Tod Georgs, Stuttgart 1980.

Walter Benjamin, Gesammelte Schriften. 1/2. Abhandlungen, hrsg. von Rolf Tiedemann und Hermann Schweppenhäuser, Frankfurt/M. 1974.

Stefanie Benke, Formen im »Teppich des Lebens« um 1900. Lebensphilosophie, der junge Lukács und die Literatur, Duisburg 2008.

Peter L. Berger/Thomas Luckmann, Modernität, Pluralismus und Sinnkrise. Die Orientierung des modernen Menschen, Gütersloh 1995.

Henri Bergson, Denken und schöpferisches Werden, Frankfurt/M. 1985.

Antonius M. Bevers, Dynamik der Formen bei Georg Simmel, Berlin 1985.

Klaus Peter Biesenbach, Subjektivität ohne Substanz. Georg Simmels Individualitätsbegriff als produktive Wendung einer theoretischen Ernüchterung, Bern 1988.

Emst Bloch, Gesamtausgabe in 16 Bänden, Frankfurt/M. 1977.

Hans Blumenberg, Geld oder Leben. Eine metaphorologische Studie zur Konsistenz der Philosophie Georg Simmels, in: Ästhetik und Soziologie um die Jahrhundertwende: Georg Simmel, hrsg. von Hannes Böhringer und Karlfried Gründer, Frankfurt/M. 1976, S. 121–134.

Hannes Böhringer, Spuren von spekulativem Atomismus in Simmels formaler Soziologie, in: Ästhetik und Soziologie um die Jahrhundertwende: Georg Simmel, hrsg. von H. Böhringer und Karlfried Gründer, Frankfurt/M. 1976, S. 105–114.

Hannes Böhringer, Das Pathos der Differenzierung, in: Merkur 34, 1985, H. 434, S. 298–308.

Karl-Heinz Bohrer, Plötzlichkeit. Zum Augenblick des ästhetischen Scheins, Frankfurt/M. 1981.

Peter Borscheid, Das Tempo-Virus. Eine Kulturgeschichte der Beschleunigung, Frankfurt/New York 2004.

Silvia Bovenschen, Die imaginierte Weiblichkeit, Frankfurt/M. 1979.

Heinrich Brinkmann, Methode und Geschichte. Die Analyse der Entfremdung in Georg Simmels »Philosophie des Geldes«, Gießen 1974.

Peter Bürger, Theorie der Avantgarde, Frankfurt/M. 1974.

Peter Bürger, Zur Kritik der idealistischen Ästhetik, Frankfurt/M. 1983.

Peter Bürger, Prosa der Moderne, Frankfurt/M. 1988.

Petra Christian, Einheit und Zwiespalt. Zum hegelianisierenden Denken in der Philosophie und Soziologie Georg Simmels, Berlin 1978.

Heinz-Jürgen Dahme, Soziologie als exakte Wissenschaft. Georg Simmels Ansatz und seine Bedeutung in der gegenwärtigen Soziologie, 2 Bde., Stuttgart 1981.

Heinz-Jürgen Dahme, Das »Abgrenzungsproblem« von Philosophie und Wissenschaft bei Georg Simmel. Zur Genese und Systematik einer Problemstellung, in: Georg Simmel und die Moderne, hrsg. von Heinz-Jürgen Dahme und Otthein Rammstedt, Frankfurt/M. 1984, S. 202–230.

Murray S. Davis, Georg Simmel and the Aesthetics of Social Reality, in: Social Forces 51, 1972/73, S. 320–329.

Gilles Deleuze, Bergson zur Einführung, Hamburg 1989.

Wilhelm Dilthey, Die geistige Welt – Einleitung in die Philosophie des Lebens, Gesammelte Schriften Bd. 5, Göttingen 1964.

Wilhelm Dilthey, Der Aufbau der geschichtlichen Welt in den Geisteswissenschaften, Einleitung von Manfred Riedel, Frankfurt/M. 1981.

Felicitas Dörr, Die Kunst als Gegenstand der Kulturanalyse im Werk Georg Simmels, Berlin 1993.

Norbert Einstein, Der Alltag. Aufsätze zum Wesen der Gesellschaft (1918), Zürich 1984 (= Der Alltag, H. 4, 1984).

Paul Ernst, Altitaliänische Novellen, Leipzig 1902.

Franz Eulenburg, Neuere Geschichtsphilosophie. Kritische Analysen, in: Archiv für Sozialwissenschaft und Sozialpolitik 29, 1909, S. 168–197.

Gregor Fitzi, Soziale Erfahrung und Lebensphilosophie. Georg Simmels Beziehung zu Henri Bergson, Konstanz 2002.

Manfred Frank, Das individuelle Allgemeine. Textstrukturierung nach Schleiermacher, Frankfurt/M. 1977.

Manfred Frank, Die Unhintergehbarkeit von Individualität, Frankfurt/M. 1986.

David Frisby, Sociological Impressionism. A Reassessment of Georg Simmel's Social Theory, London 1981.

David Frisby, Georg Simmels Theorie der Moderne, in: Georg Simmel und die Moderne, hrsg. von Heinz-Jürgen Dahme und Otthein Rammstedt, Frankfurt/M. 1984, S. 9–79.

David Frisby, Fragmente der Moderne. Georg Simmel, Siegfried Kracauer, Walter Benjamin, Rheda-Wiedenbrück 1989.

David Frisby (Hg.), Georg Simmel in Wien. Texte und Kontexte aus dem Wien der Jahrhundertwende, Wien 2000.

Max Frischeisen-Köhler, Georg Simmel, Berlin 1919.

August Gallinger, Simmel über die Möglichkeit einer allgemeingültigen sittlichen Norm, in: Kant-Studien 6, 1901, S. 406–421.

Kurt Gassen/Michael Landmann (Hg.), Buch des Dankes an Georg Simmel. Briefe, Erinnerungen, Bibliographie, Berlin 1958.

Uta Gerhardt, Immanenz und Widerspruch. Die philosophischen Grundlagen der Soziologie Georg Simmels und ihr Verhältnis zur Lebensphilosophie Wilhelm Diltheys, in: Zeitschrift für philosophische Forschung 25, 1971, S. 276–292.

Willfried Geßner und Rüdiger Kramme (Hg.), Aspekte der Geldkultur. Neue Beiträge zu Georg Simmels »Philosophie des Geldes«, Magdeburg 2002.

Willfried Geßner, Der Schatz im Acker. Georg Simmels Philosophie der Kultur, Weilerswist 2003.

Peter Gorsen, Zur Phänomenologie des Bewußtseinsstroms, Bonn 1966.

Matthias Groß, Die Natur der Gesellschaft. Eine Geschichte der Umweltsoziologie, Weinheim/München 2001.

Michael Großheim, Von Georg Simmel zu Martin Heidegger. Philosophie zwischen Leben und Existenz, Bonn 1991.

Stephan Günzel (Hg.), Raum. Ein interdisziplinäres Handbuch, Stuttgart/Weimar 2010.

Stephan Günzel und Jörg Dünne (Hg.), Raumtheorie. Grundlagentexte aus Philosophie und Kulturwissenschaften, Frankfurt/M. 2006.

Richard Hamann, Der Impressionismus in Leben und Kunst, Köln 1907.

Richard Hamann/Jost Hermand, Epochen deutscher Kultur von 1870 bis zur Gegenwart, Bd. 3: Impressionismus, Frankfurt/M. 1977.

Martin Havenstein, Chamberlains und Simmels »Goethe«, in: Preußische Jahrbücher 155, 1914, S. 27–70 u. 271–291.

Horst Jürgen Helle, Simmel über Marx, in: Annali di Sociología/ Soziologisches Jahrbuch (Trento), Bd. 1, 1985, S. 193–210.

Horst Jürgen Helle, Dilthey, Simmel und Verstehen. Vorlesungen zur Geschichte der Soziologie, Frankfurt/M. 1986.

Horst Jürgen Helle, Soziologie und Erkenntnistheorie bei Georg Simmel, Darmstadt 1988.

Andreas Hetzel, Zwischen Poiesis und Praxis. Elemente einer kritischen Theorie der Kultur, Würzburg 2001.

Martin Ludwig Hofmann, Tobias F. Korta und Sibylle Niekisch (Hg.), Culture Club. Klassiker der Kulturtheorie, Frankfurt/M. 2004.

Max Horkheimer/Theodor W. Adorno, Dialektik der Aufklärung, Frankfurt/M. 1986.

Sibylle Hübner-Funk, Georg Simmels Konzeption von Gesellschaft, Köln 1982.

Urs Jaeggi, Georg Simmel und die Sehnsucht nach Symmetrie, in: Kultursoziologie – Symptom des Zeitgeistes?, hrsg. von Helmuth Berking und Richard Faber, Würzburg 1989, S. 140–153.

Karl Joël, Eine Zeitphilosophie, in: Neue Deutsche Rundschau 12, 1901, S. 812–826.

Werner Jung, Wandlungen einer ästhetischen Theorie. Georg Lukács' Werke 1907–1923, Köln 1981.

Werner Jung, Georg Lukács, Stuttgart 1989.

Werner Jung, Neuere Hermeneutikkonzepte. Methodisches Verfahren oder geniale Anschauung?, in: Klaus-Michael Bogdal (Hg.), Neuere Methoden der Literaturwissenschaft, Opladen 1990, S. 154–175.

Ulrike Kadi, Brigitta Keintzel, Helmuth Vetter (Hg.), Traum Logik Geld. Freud, Husserl und Simmel zum Denken der Moderne, Tübingen 2001.

Duk-Yung Kim, Georg Simmel und Max Weber. Über zwei Entwicklungswege der Soziologie, Opladen 2002.

Jeff Kintzelé/Peter Schneider (Hg.), Georg Simmels Philosophie des Geldes, Frankfurt/M. 1993.

Thomas Kleinspehn, Der flüchtige Blick. Sehen und Identität in der Kultur der Neuzeit, Reinbek 1989.

Carsten Klingemann (Hg.), Jahrbuch für Soziologiegeschichte. Soziologisches Erbe, Wiesbaden 2007.

Klaus Christian Köhnke, Von der Völkerpsychologie zur Soziologie. Unbekannte Texte des jungen Simmel, in: Georg Simmel und die Moderne, hrsg. von Heinz-Jürgen Dahme und Otthein Rammstedt, Frankfurt/M. 1984, S. 388–429.

Klaus Christian Köhnke, Der junge Simmel in Theoriebeziehungen und sozialen Bewegungen, Frankfurt/M. 1996.

David Koigen, Georg Simmel als Geldapologet, in: Dokumente des Sozialismus 5, 1905, S. 317–323.

David Koigen, Soziologische Theorien, in: Archiv für Sozialwissenschaft und Sozialpolitik 31, 1910, S. 908–924.

Uta Kösser, Ästhetik und Moderne. Konzepte und Kategorien im Wandel, Erlangen 2006.

Siegfried Kracauer, Georg Simmel, in: Logos 9, 1920/21, S. 307–338.

Siegfried Kracauer, Soziologie als Wissenschaft, Dresden 1922.

Michael Landmann, Konflikt und Tragödie. Zur Philosophie Georg Simmels, in: Zeitschrift für philosophische Forschung 6, 1951/52, S. 115–133.

Michael Landmann, Bausteine zur Biographie, in: Buch des Dankes an Georg Simmel. Briefe, Erinnerungen, Bibliographie, hrsg. von Kurt Gassen und Michael Landmann, Berlin 1958, S. 11–33.
Michael Landmann, Georg Simmel als Prügelknabe, in: Philosophische Rundschau 14, 1967, S. 258–274.
Michael Landmann, Einleitung des Herausgebers, in: Georg Simmel: Das individuelle Gesetz, hrsg. von Michael Landmann, Frankfurt/M. 1968, S. 7–29.
Michael Landmann, Georg Simmel: Konturen seines Denkens, in: Ästhetik und Soziologie um die Jahrhundertwende: Georg Simmel, hrsg. von Hannes Böhringer und Karlfried Gründer, Frankfurt/M. 1976, S. 3–11.
Theodor Lessing, Philosophie als Tat, Göttingen 1914.
Klaus Lichtblau, Die Seele und das Geld. Kulturtheoretische Implikationen in Georg Simmels »Philosophie des Geldes«, in: M. Rainer Lepsius, Friedhelm Neidhardt und Johannes Weiß (Hg.), Kultur und Gesellschaft. Sonderheft 28 der Kölner Zeitschrift für Soziologie und Sozialpsychologie, Opladen 1986, S. 57–74.
Klaus Lichtblau, Kulturkrise und Soziologie um die Jahrhundertwende. Zur Genealogie der Kultursoziologie in Deutschland, Frankfurt/M. 1996.
Klaus Lichtblau, Georg Simmel, Frankfurt/M./New York 1997.
Hans Liebeschütz, Von Georg Simmel zu Franz Rosenzweig. Studien zum jüdischen Denken im deutschen Kulturbereich, Tübingen 1970.
Almut Loycke (Hg.), Der Gast, der bleibt. Dimensionen von Georg Simmels Analyse des Fremdseins, Frankfurt/M./New York 1992.
Ute Luckhardt, »Aus den Tempeln der Sehnsucht«. Georg Simmel und Georg Lukács: Wege in und aus der Moderne, Butzbach 1994.
Niklas Luhmann, Beobachtungen der Moderne, Opladen 1992.
Georg Lukács, Die Seele und die Formen (1911), Neuwied und Berlin 1971.
Georg Lukács, Zur Theorie der Literaturgeschichte (1910), in: Text und Kritik, Bd. 39/40: Georg Lukács, München 1973, S. 24–51.
Georg Lukács, Heidelberger Philosophie der Kunst (1912/1914). Aus dem Nachlaß herausgegeben von György Márkus und Frank Benseler, Georg Lukacs Werke Bd. 16., Darmstadt und Neuwied 1974.
Georg Lukács, Heidelberger Ästhetik (1916–1918). Aus dem Nachlaß herausgegeben von György Markus und Frank Benseler, Georg Lukács Werke Bd. 17, Darmstadt und Neuwied 1974.

Georg Lukács, Geschichte und Klassenbewußtsein (1923), Darmstadt und Neuwied 1976.

Georg Lukács, Die Zerstörung der Vernunft (1954), Berlin und Weimar 1988.

Christine Magerski, Die Konstituierung des literarischen Feldes in Deutschland nach 1871. Berliner Moderne, Literaturkritik und die Anfänge der Literatursoziologie, Tübingen 2004.

Karl-Alfred von Marcard, Der Begriff des Kunstwerks bei Georg Simmel, Diss. Leipzig 1929.

Heinz Maus, Simmel in der deutschen Soziologie, in: ders., Die Traumhölle des Justemilieu. Erinnerung an die Aufgaben der Kritischen Theorie, hrsg. von Michael Th. Greven und Gerd van de Moetter, Frankfurt/M. 1981, S. 384–403.

Ursula Menzer, Subjektive und objektive Kultur. Georg Simmels Philosophie der Geschlechter vor dem Hintergrund seines Kultur-Begriffs, Pfaffenweiler 1992.

Inka Mülder-Bach, »Weibliche Kultur« und »stahlhartes Gehäuse«. Zur Thematisierung des Geschlechterverhältnisses in der Soziologie Georg Simmels und Max Webers, in: Sigrun Anselm/Barbara Beck (Hg.), Triumph und Scheitern in der Metropole. Zur Rolle der Weiblichkeit in der Geschichte Berlins, Berlin 1987, S. 115–140.

Arno Münster, Utopie, Messianismus und Apokalypse im Frühwerk von Emst Bloch, Frankfurt/M. 1982.

Joachim Radkau, Die wilhelminische Ära als nervöses Zeitalter, oder: Die Nerven als Netz zwischen Tempo- und Körpergeschichte, in: Geschichte und Gesellschaft 20, 1994, S. 211–241.

Joachim Radkau, Das Zeitalter der Nervosität. Deutschland zwischen Bismarck und Hitler, München/Wien 1998.

Otthein Rammstedt, Zweifel am Fortschritt und Hoffen aufs Individuum. Zur Konstitution der modernen Soziologie im ausgehenden 19. Jahrhundert, in: Soziale Welt 36, 1985, S. 483–503.

Otthein Rammstedt (Hg.), Simmel und die frühen Soziologen, Frankfurt/M. 1988.

Otthein Rammstedt, (Artikel) Georg Simmel: Über sociale Differenzierung; Soziologie; Grundfragen der Soziologie, in: Hauptwerke der Soziologie, hrsg. von Dirk Kaesler und Ludgera Vogt, Stuttgart 2000. S. 389–407.

Heinrich Rickert, Die Philosophie des Lebens, Tübingen 1920.
Heinrich Rickert, Kulturwissenschaft und Naturwissenschaft (1926), hrsg. von Friedrich Vollhardt, Stuttgart 1986.
Cécile Rol/Christian Papilloud (Hg.), Soziologie als Möglichkeit. 100 Jahre Georg Simmels Untersuchungen über die Formen der Vergesellschaftung, Wiesbaden 2009.
Hartmut Scheible, Wahrheit und Subjekt. Ästhetik im bürgerlichen Zeitalter, Bern und München 1984.
J. A. Schmoll gen. Eisenwerth, Simmel und Rodin, in: Ästhetik und Soziologie um die Jahrhundertwende: Georg Simmel, hrsg. von Hannes Böhringer und Karlfried Gründer, Frankfurt/M. 1976, S. 18–38.
Peter-Ernst Schnabel, Georg Simmel, in: Dirk Kaesler (Hg.), Klassiker des soziologischen Denkens, Bd. 1, München 1976, S.267–311.
Arthur Schopenhauer, Sämtliche Werke, 6 Bde., hrsg. von Arthur Hübscher, Leipzig 1938.
Karin Schräder-Klebert, Der Begriff der Gesellschaft als regulative Idee. Zur transzendentalen Begründung der Soziologie bei Georg Simmel, in: Soziale Welt 19, 1968, S. 97–118.
Alfred Schütz, Der sinnhafte Aufbau der sozialen Welt (1932), Frankfurt/M. 1981.
Angela Sendlinger, Lebenspathos und Décadence um 1900. Studien zur Dialektik der Décadence und der Lebensphilosophie am Beispiel Eduard von Keyserlings und Georg Simmels, Frankfurt/M. u. a. 1994.
Margarete Susman, Die geistige Gestalt Georg Simmels, Tübingen 1959.
Margarete Susman, Ich habe viele Leben gelebt. Erinnerungen, Stuttgart 1964.
Charles Taylor, Das Unbehagen an der Moderne, Frankfurt/M. 1995.
Friedrich H. Tenbruck, Georg Simmel, in: Kölner Zeitschrift für Soziologie und Sozialpsychologie 19, 1958, S. 587–614.
Monika Tokarzewska, Der feste Grund des Unberechenbaren. Georg Simmel zwischen Literatur und Soziologie, Wiesbaden 2010.
Ferdinand Tönnies, Übersicht über die neuesten Publikationen Deutschlands und des Auslands (Rezension von »Über sociale Differenzierung«), in: Jahrbücher für Nationalökonomie und Statistik 56, 1891, S. 269–277.
Ferdinand Tönnies, Simmel als Soziologe, in: Frankfurter Zeitung vom 9.10.1918.

Hartmann Tyrell/Otthein Rammstedt/Ingo Meyer (Hg.), Georg Simmels große »Soziologie«. Eine kritische Sichtung nach hundert Jahren, Bielefeld 2011.

Emil Utitz, Georg Simmel und die Philosophie der Kunst, in: Zeitschrift für Ästhetik und allgemeine Kunstwissenschaft 14, 1920, S. 1–41.

Alfred Vierkandt, Literaturbericht zur Kultur- und Gesellschaftslehre für die Jahre 1907 und 1908, in: Archiv für die gesamte Psychologie XVII, 1910, S. 57 ff.

Alfred Vierkandt, Programm einer formalen Gesellschaftslehre, in: Kölner Vierteljahreshefte für Sozialwissenschaften (München/Leipzig) 1, H. 1, 1921, S. 56–66.

Nike Wagner, Zur Ästhetik der Moderne. Karl Kraus mit Leo Popper gegen Georg Simmel, in: Lettre International, Herbst 1988, S. 61 ff.

Rudolph H. Weingartner, Experience and Culture. The Philosophy of Georg Simmel, Middletown 1962.

Werner Philipp Wiesehöfer, Der unmetaphysische Mensch. Untersuchungen zur Anthropologie im Frühwerk Georg Simmels, Diss. Tübingen 1975.

Erhard Völzke, Das Freiheitsproblem bei Georg Simmel, Bielefeld 1987.

Gotthard Wunberg (Hg.), Die Wiener Moderne. Literatur, Kunst und Musik zwischen 1890 und 1910, Stuttgart 1992.

Andreas Ziemann, Die Brücke zur Gesellschaft. Erkenntniskritische und topographische Implikationen der Soziologie Georg Simmels, Konstanz 2000.

Zeittafel

1858	Am 1. März wird Georg Simmel als siebtes Kind zum Katholizismus konvertierter, jüdisch getaufter Eltern in Berlin geboren. Der Vater Edward, ein erfolgreicher Kaufmann, verstirbt 1874.
1870	Besuch des Friedrich-Werder-Gymnasiums in Berlin.
1876	Immatrikulation an der Berliner Universität. Studium der Geschichte, Philosophie, Völkerpsychologie, Kunstgeschichte und des Altitalienischen u. a. bei Droysen, Mommsen, Steinthal, Lazarus, Hermann Grimm, Jordan, Harms und Zeller.
1881	Promotion mit einer Dissertation über *Das Wesen der Materie nach Kant's Physischer Monadologie.*
1885	Privatdozent in Berlin.
1890	*Über sociale Differenzierung.*
	Heirat mit Gertrud Kinel, die als Schriftstellerin unter dem Pseudonym Marie-Luise Enckendorff hervortritt.
1892	*Probleme der Geschichtsphilosophie.*
1892/93	*Einleitung in die Moralwissenschaft.*
1900	*Philosophie des Geldes.*
1900	Außerordentlicher Professor in Berlin.
1904	*Kant.*
1907	*Schopenhauer und Nietzsche.*
1907	*Soziologie.*
1911	*Philosophische Kultur.*
	Verleihung der Ehrendoktorwürde (Dr. rer. pol. h. c.) der Universität Freiburg.
1913	*Goethe.*
1914	Ordentlicher Professor in Straßburg.
1916	*Rembrandt.*
1917	*Grundfragen der Soziologie.*
1918	*Lebensanschauung.*
	Am 26. September erliegt Georg Simmel in Straßburg einem Krebsleiden.

Werner Jung, Prof. Dr., geb. 1955, lehrt und forscht im Bereich der Neueren deutschen Literaturgeschichte an der Universität Duisburg-Essen. Schwerpunkte: Literatur des 18. bis 21. Jahrhunderts, Ästhetik, Poetik, Literaturtheorie und Editionsphilologie. Zuletzt sind erschienen: *Raumphantasien und Phantasieräume. Essays über Literatur und Raum*, Bielefeld 2013; *Poetik. Eine Einführung*, Duisburg 2014.